1日1分!
TOEIC® L&R テスト
炎の千本ノック!
文法
徹底

中村澄子

岩崎清華

山﨑健生

祥伝社

まえがき

　こんにちは。『千本ノック』シリーズ著者の中村澄子です。

　2006年からほぼ毎年出版している『千本ノック』シリーズ、2018年にタイトルを『炎の千本ノック』と一新しサイズを新書サイズに変えましたが、本書で早くも4冊目になります。

　今回の『炎の千本ノック』には、初めての試みが2つあります。

　ひとつは「英文法の解説に特化」したということ。

　もうひとつは、私の単著ではなく「3人の共作」であるということです。

　3年前に出版した『1日1分！ TOEIC L&Rテスト 炎の千本ノック！』全157問から50問を厳選し、その問題英文で使われているさまざまな文法項目を詳しく説明しています。問題集なのですが、参考書としての要素を多く含んだ本になっています。

　英文法の解説に特化したのには、明確な理由があります。

　TOEICの点数が伸び悩んでいる人は、英文法の勉強をやり直したほうがいいと思うからです。「炎の千本ノックは難しい」という初学者の声にもこたえた内容になっています。文法事項の理解を深めてから『炎の千本ノック』を解けば、正答率もあがるはずです。最近は実際のテストでも、パート5であっても構文が難しい問題が増えています。そうした問題では、問題文をきちんと読めなければ、空欄前後をチェックするだけでは正解できないのです。

　また、英単語をたくさん覚えても、適当であやふやな文法知識のままでは、特にパート7の骨のある英文は、いつまでたっても読めるようになりません。文法をきちんとマスターし、構文を正確に理解することが、速読をするための必須条件です。英文法をきちんと理解していないと英文を速く読むことはできません。

　そこで今回は、文法事項の説明にたけた岩崎清華さんと山﨑健生先生にお手伝いをお願いしました。

　岩崎さんは『炎の千本ノック』シリーズの校正を担当してくださっていますが、もともとは編集者で、英語雑誌や英語の参考書の編集に長年携わってこられた方です。英文法の用語をどんな順番でどう説明すれば理解が深まるか、読者目線で熟知しています。

　山崎先生は、大手予備校でのキャリアが20年以上あり、衛星放送も担当していたベテランの講師です。私が主宰しているTOEIC教室でも、主に初学者向けの「準備クラス」や補講の「文法セミナー」、「速読セミナー」を長く担当してもらっています。スラッシュリーディングを使った授業はとてもわかりやすいと評判です。

　このお2人に、原稿執筆の一部や内容チェックをお願いしました。英文法というとっつきにくい分野が、お2人のおかげでかなりわかりやすく、スッキリしたものになったと思います。

　本書で文法を効率的に学ぶことで、英文を速いスピードで読むことができるようになる。

　そのことをひとりでも多くの人に実感してもらえたら嬉しいです。

2021年6月
中村澄子

本 書 の 使 い 方

2008 年から毎年刊行している『千本ノック』シリーズは、問題 1 ページ、解説 1 ページのコンパクトな構成、筆者（中村）による的を絞った解説が高評価を受け、TOEIC 受験者の皆様に長年愛用されています。

その一方で、これまでの解説ページでは、文構造や基礎的な文法について掘り下げる余地がなかったため、英語初心者の方や、英語のやり直し学習を始めた方にとっては、ハードルの高い一冊でもありました。そうした方々と従来の『千本ノック』シリーズの橋渡しをするのが、本書の役割です。

本書は、次のような方にこそ役立つ一冊です。

・従来の『千本ノック』シリーズは難しくて手が出ない。
・中学・高校レベルの文法知識があいまいである。
・英文を返り読みしてしまい、本番は時間切れになってしまう。

パート 5 の英文はビジネス英単語が使われているため、初心者の方や英語のやり直し学習を始めた方には難しく見えるでしょう。しかし、パート 5 に限らず、TOEIC で出題される英文を理解するのに必要となる文法知識は、あくまで中学・高校で学んだ基礎的なレベルのものです。

「ビジネス英単語」と「中学・高校の基礎英文法」は、TOEIC の英文を理解するうえでの両輪です。本書は後者の「基礎英文法」にフォーカスし、皆様がパート 5 で高得点を獲得するための土台作り

の一助となることを目指しています。

「英文法が重要なことはわかった。さあ、英文法書を一から読むぞ」と、意気込んでいる方は少々お待ちを！ 中学・高校英文法を一から全て網羅して学習しようとするのは、TOEIC対策としては得策ではありません。パート5で問われる文法知識には、頻出分野があるのです。詳しくは筆者（中村）が『TOEIC®L&Rテスト パート5、6攻略』（ダイヤモンド社、2017年刊行）で分析していますが、頻出分野を把握したうえで、文法学習に取り組んだほうがスコアアップにつながりやすいです。

本書はすべての文法事項を網羅するのではなく、パート5で狙われる文法事項に焦点を置き、かつレベルも「易」→「難」になるように配置しました。つまり、最初は名詞や動詞といった品詞レベルの基礎的な学習から始まり、分詞構文などの難しい文法事項は最後に学習します。

本書では「構文解析」にも力を入れました。パート5で苦戦している方向けに、文構造をまずはしっかり理解していただこうというのが狙いです。どの部分が「主節」なのか、この過去分詞は何を修飾しているのかなど、図解で解説しています。

　パート5の英文を読んでも意味がよくわからない方は、本書を通じて文の構造を見抜く力を養いましょう。

　さらに、文構造を理解する手助けとして、本書では各問題文の下に「ヒント！」というコーナーを設けました。英文にスラッシュ（/）を入れて、意味のかたまりごとに区切っています。同時に「オリジナル解説」ページの下には「スラッシュリーディング」コーナーを設け、英文と訳を併記しています。

　英語のやり直し学習を始めた方の中には、従来の学校の授業で「和訳」を求められた経験などから、英文を返り読みしてしまう方もいらっしゃると思います。しかし、TOEICで必要とされるのは、一字一句の和訳ではなく、英文を前からかたまりごとにサクサクと理解していくスキルです。

　本書で基礎固めをしたら、『千本ノック』シリーズでさらに問題演習を重ねて、ぜひパート5のスコアアップを実現してください。

岩崎清華

スラッシュリーディング速読法

　TOEIC 受験をされる皆さんにとって、リーディング部門における「大量の英文を時間内に読み解く」ということは、最大の悩みといっても過言ではないでしょう。

　そこで、「正確に速く読む」技術としてスラッシュリーディングをご紹介したいと思います。

　スラッシュリーディングは、英文読解の正しい感覚を身につけるためのものです。**スラッシュに合わせて、左から右へ繰り返し読むことで、直読直解力（英語を英語のまま読む力）が身につきます。**つまり、ネイティブと同様の読み方が、できるようになる技術なのです。読まなければならない英文の量が増えている TOEIC に対処するには、皆さんがネイティブレベルの読解法、すなわちスラッシュリーディングを身につけていく以上の方法はありません。

　スラッシュ（／）の入る位置は、かなり文法的切れ目と一致していますが、「絶対ここに入れなくてはいけない」という規則はありません。しかし、ある程度の目安を知っておくことで、よりいっそう正確な読解が可能になることも確かです。

　本書では、まず解答を導き出すヒントとして最初にスラッシュ入りの文を提示しておきました。また、一通りの解説の後、解答も含めたスラッシュリーディングの文も入れてあります。

　特に、**語彙や文法、さらには構文解析を理解したうえで、解答入りのスラッシュリーディングを、30 回ほど繰り返して読んでください。その際、英文をスラッシュまで読み、頭の中で日本語を考えるという作業を繰り返します。**それを、10 回 20 回と繰り返していくうちに、自然と日本語が消え、英語をそのまま読んでいる自分に驚くことでしょう。

　また、英文読解力がつけばつくほど、大きな範囲で語句のかたま

りを見ることができるようになるので、スラッシュの数は減っていきます。最終的には、書き込み禁止の TOEIC でも直読直解が可能になるのです。

　以上のことをふまえて、下記に大まかな規則を列挙しておきますので、参考にしてください。

原則1　文型
1-1　S V／C
　　　S V／O
1-2　S V O／O
　　　S V O／C

　基本的には、3つの要素を読み切ったところで、スラッシュを入れる。第4・5文型の場合は、新たな要素がその後に登場してくることになる。

1-3　長い S／V ～
1-4　S V／名詞節

　1-4の名詞節は、that・whether・疑問詞から始まる。

原則2　S の前と文尾
2-1　副詞（句・節）／S V ～
　　　S V ～／副詞（句・節）

　2-1の中でも、重要なパターンが下記である。
　　　接続詞 S'V'・・・,／S V ～
　　　S V ～／接続詞 S'V'・・・

原則3　後置修飾（前に出てきた名詞を後ろから説明するパター

ン）

3-1　名詞 / to 不定詞の形容詞的用法
　　　名詞 / ～ ing（現在分詞）の形容詞的用法
　　　名詞 / p.p.（過去分詞）の形容詞的用法
3-2　名詞 / 関係詞節
3-3　名詞 / that 完全文
　3-3の that は、文法的には「同格の that」になる。

原則4　前置詞
4-1　/ 前置詞 + 名詞 /
　上記した、文法用語なども、本文中に丁寧な文法説明を入れてありますので、参照なさってください。

　　　　　　　　　　　　　　　　　　　　山﨑健生

この本に出てくる
英文法をまとめてみました

※ **1**、**2**、**3**……は本文の FOCUS の番号
1、**2**、**3**……は問題の番号

名詞

2 可算・不可算名詞 **1**

4 代名詞の所有格のうしろには「名詞」がくる **3**

5 複合名詞 **3**

動詞

1 文型を決定づけるのは「動詞」 **1**

6 うしろに「補語」をとる動詞 **4**

29 使役動詞 have の用法 **21**

30 他動詞 offer の用法 **22**

31 他動詞 encourage の用法 **22**

57 make O + C「O を C の状態にする」 **39**

60 cause O to do で「O が～する原因となる」 **41**

形容詞

3 名詞を修飾するのは「形容詞」 **2**

7 補語になる形容詞 **4**

42 形容詞・不定代名詞の all **29**

43 形容詞としての any **29**

9 現在分詞の後置修飾 **5**

10 名詞を修飾する過去分詞 **6**

副詞

13 副詞の役割 **8**

代名詞

41 代名詞としての one 28

48 再帰代名詞 33

前置詞

27 同格の of 19

36 前置詞 to ＋ 動名詞 25

37 前置詞 through 25

44 前置詞／接続詞としての as 30

45 前置詞 by 31

62 群前置詞 42

63 文中に組み込まれる群前置詞 43

接続詞

8 接続詞の役割 4

12 等位接続詞がつなぐもの 7

17 接続詞のうしろの「主語 ＋ be 動詞」の省略 11

46 等位接続詞 and 32

47 接続詞としての before 33

49 従属接続詞 unless 34

50 接続詞のうしろの「主語 ＋ be 動詞」の省略 34

51 同格の接続詞 that 35

52 接続詞としての once 36

時制

14 時制 9

15 過去形と現在完了形の違い 10

助動詞

16 助動詞の役割 11

受動態

18 受動態 12

19 受動態の完了時制 13

不定詞

20 不定詞の名詞用法 14

22 「補語」になる不定詞の名詞用法 15

23 不定詞の形容詞用法 16

24 不定詞の副詞用法 17

25 不定詞の副詞用法 文頭にくるケース 18

26 不定詞 意味上の主語 19

28 原形不定詞 20

比較級

38 比較級 26

39 比較級 more A than B 27

40 比較級 more ＋ 形容詞 28

関係代名詞

53 関係代名詞の基本 37

54 関係代名詞 whose 38

55 関係代名詞の非制限用法 38

56 関係代名詞 that 39

58 関係代名詞の目的格の省略 40

59 関係代名詞が導く節が主語を修飾する 41

61 前置詞＋ 関係代名詞 42

64 関係代名詞節の末尾に前置詞がつく 44

関係副詞

66 関係副詞 45

67 関係副詞の代用としての that 46

分詞構文

70 「現在分詞」を使った分詞構文 48

71 「過去分詞」を使った分詞構文 49

73 独立分詞構文 50

その他の重要項目

11 直接目的語と間接目的語 7

21 形式主語 it 14

32 rather than の用法 22

33 It is 形容詞 for A to do の構文 23

34 動名詞 24

35 so that A can do「A が〜できるように」 24

65 「as +副詞+ as」が接続詞的に働く 44

68 補語になる that 節 46

69 仮定法未来 47

72 some of + the / 所有格+名詞 49

Contents

まえがき──中村澄子 …2

本書の使い方──岩崎清華 …4

スラッシュリーディング速読法──山﨑健生 …7

この本に出てくる英文法をまとめてみました …10

この本のページ構成 …18

音声ダウンロードについて …20

第1問
文型を決定づけるのは「動詞」
／可算・不可算名詞 …21

第2問
名詞を修飾するのは
「形容詞」…31

第3問
代名詞の所有格の
うしろには「名詞」がくる／
複合名詞 …37

第4問
うしろに「補語」をとる動詞／
補語になる形容詞／
接続詞の役割 …45

第5問
現在分詞の後置修飾 …57

第6問
名詞を修飾する過去分詞 …63

第7問
直接目的語と間接目的語／
等位接続詞が
つなぐもの …69

第8問
副詞の役割 …75

第9問
時制 …81

第 **10** 問
過去形と
現在完了形の違い…87

第 **11** 問
助動詞の役割／
接続詞のうしろの
「主語＋be 動詞」の
省略…93

第 **12** 問
受動態…99

第 **13** 問
受動態の完了時制…103

第 **14** 問
不定詞の名詞用法／
形式主語 it…111

第 **15** 問
「補語」になる
不定詞の名詞用法…117

第 **16** 問
不定詞の形容詞用法…121

第 **17** 問
不定詞の
副詞用法…125

第 **18** 問
不定詞の副詞用法
文頭にくるケース…129

第 **19** 問
不定詞
意味上の主語／
同格の of…133

第 **20** 問
原形不定詞…139

第 **21** 問
使役動詞 have の用法…145

第 **22** 問
他動詞 offer の用法／
他動詞 encourage の用法／
rather than の用法…149

第 **23** 問
It is 形容詞
for A to do の構文…157

第 **24** 問
動名詞／
so that A can do
「A が〜できるように」…163

第 **25** 問
前置詞 to ＋ 動名詞／
前置詞 through…169

第 **26** 問
比較級…175

第 **27** 問
比較級
more A than B…179

第 **28** 問
比較級
more ＋ 形容詞／
代名詞としての one…183

第 **29** 問
形容詞・不定代名詞の all ／
形容詞としての any…189

第 **30** 問
前置詞／
接続詞としての as…195

第 **31** 問
前置詞 by…199

第 **32** 問
等位接続詞 and…205

第 **33** 問
接続詞としての before ／
再帰代名詞…209

第 **34** 問
従属接続詞 unless ／
接続詞のうしろの
「主語 ＋ be 動詞」の省略…215

第 **35** 問
同格の接続詞 that…221

第 **36** 問
接続詞としての once…227

第 **37** 問
関係代名詞の基本…233

第 **38** 問
関係代名詞 whose ／
関係代名詞の非制限用法…239

第**39**問
関係代名詞that／
make O + C
「OをCの状態にする」…247

第**40**問
関係代名詞の目的格の省略…253

第**41**問
関係代名詞が導く節が
主語を修飾する／
cause O to do…259

第**42**問
前置詞＋関係代名詞／
群前置詞…265

第**43**問
文中に組み込まれる
群前置詞…271

第**44**問
関係代名詞節の
末尾の前置詞／接続詞的に働く
「as ＋副詞＋ as」…277

第**45**問
関係副詞…281

第**46**問
関係副詞の
代用としてのthat／
補語になる
that節…287

第**47**問
仮定法未来…291

第**48**問
「現在分詞」を使った
分詞構文…295

第**49**問
「過去分詞」
を使った分詞構文／
some of + the／
所有格＋名詞…299

第**50**問
独立分詞構文…305

文法 I N D E X …309
単語 I N D E X …313

編集協力 土井内真紀／マーク・トフルマイア／AtoZ English　ブックデザイン　井上篤(100mm deisgn)

※本書の発音記号は、主に『ジーニアス英和辞典』(大修館書店) を参考にしています。

この本のページ構成

2018 年に刊行した『1日1分！TOEIC® L&R テスト 炎の千本ノック！』の何問目かを示しています。

第12問

次の選択肢の中から正しいものを選びなさい。

Regus Jewelers offers inspection and cleaning of watches to ensure its customers' timepieces are ( ) maintained.

(炎・第73問)

問題文の難しさを☆の数で説明しています。多いほど難しくなります。

(A) well
(B) likely
(C) probably
(D) fast

標準的な日本語訳を示しています。

ヒント！

Regus Jewelers offers / inspection and cleaning / of watches / to ensure / its customers' timepieces / are ( ) maintained.

問題文の文法的な切れ目にスラッシュ（／）を入れています。答えを考える際のヒントにしてください。

単語の意味

offer [ɔ́ːfər]	～を提供する
inspection [inspékʃən]	点検、検査
ensure [inʃúər]	～を確実にする、保証する
customer [kʌ́stəmər]	顧客、得意先
timepiece [táimpìːs]	時計
maintain [meintéin]	～を維持する、保存する、整備する

答え (A) well　　　難易度… ★★★☆☆

訳

リーシャス・ジュエラーズでは、お客様の時計が良い状態で維持されるように腕時計の点検と掃除を行っています。

構文解析

Regus Jewelers offers inspection and cleaning of watches to ensure its customers' timepieces are well maintained.

直前の名詞２つをうしろから修飾

Regus Jewelers offers inspection and cleaning (of watches)
　　S　　　　　V　　　　　　O (名)　　　　　前＋名

　　　↓接続詞 that が省略されている　　　副詞は動詞を修飾
(to ensure [* its customers' timepieces are (well) maintained])
不定詞の副詞用法 (目的)　　　　　S'　　　　　副　　　V'
　　↑ its = Regus Jewelers'

SVO 文型の文です。of watches が inspection と cleaning の両方を修飾していることに注意しましょう。他動詞 ensure のうしろには接続詞の that が省略されています。that 節の中は SV 文型になっています。

ここでは「受動態」について説明します。

問題文がどのような構造なのか、説明しています。難しそうな英文が実はシンプルな構造だったりします。

『1日1分！ TOEIC® L&Rテスト 炎の千本ノック！』に掲載している解説です。「構文解析」や「FOCUS」を読んでから読むと、ぐっとわかりやすくなっているはずです。

問題文から英文法のポイントを抽出、詳しく説明しています。全部で73項目あります。

受動態

FOCUS-18 ——[受動態

「SはVする」というように、Sが動作主として何かる文は「能動態」と呼ばれます。対して、「SはVされというように、Sが動作を受ける側になる文が「受動態」ばれるものです。

能動態を受動態の文に変化させるには、能動態の文の的語」を受動態の文の主語にします。さらに動詞を「F詞＋過去分詞」の形に変えます。

They financed the project. (彼らはそのプロジェクトに融資し
S　　V　　　O

The project was financed (by them).

S　　　V　　　　　　　前＋名 (そのプロジェクトは融資さ
目的語 the project を主語にし、動詞を《be動詞＋過去詞》の形にすることで、「そのプロジェクトは融資されという意味になります。

最後の by them「彼らによって」の部分は、「彼ら」然としているので、普通省略します。ただし、人名などできるものは省略できません。

なお、問題文で受動態になっている部分 its customers' timepieces **are well maintained** に着目すると、副詞 well（十分に）が are と maintained の間に挟まれていることがわかります。副詞の置かれる場所は柔軟性がありますが、受動態の文では通常《be動詞＋副詞＋過去分詞》の語順になります。

オリジナル解説

適切な意味の副詞を選ぶ問題です。

選択肢にはさまざまな副詞が並んでいるので、適切な意味の副詞を選ぶ問題だとわかります。英文の意味を考えて文意に合う副詞を選ばなければならないので、語彙問題に似ています。

この英文の意味を考える際には、動詞 ensure の後ろに接続詞の that が省略されていることに気付く必要があります。

「リージャス・ジュエラーズでは、お客様の時計が〜維持されるよう腕時計の点検と掃除を行っている」という英文で、「〜」部分に入れて文意が通る副詞は何かを考えます。

(A)の well「よく、十分に」であれば、文意が通ります。

このような問題では、well の意味を知っているだけでは解けず、空欄前後の are maintained とつなげて使えるのはどれかという観点が必要になります。

高得点を取りたければ、単語を覚える際は、最低でも例文（理想は長文）の中でそれぞれの単語の使われ方のニュアンスを覚える必要があります。語感を鍛えましょう。

(B)likely「ありそうな、〜しそうな」、(C)probably「おそらく、多分」、(D)fast「速く」では文意が通りません。

スラッシュリーディング

Regus Jewelers offers / inspection and cleaning /
リージャス・ジュエラーズは提供しています / 点検と掃除を /

of watches / to ensure / its customers' timepieces /
時計の /（〜を）確実にするために / 顧客の時計が /

are well maintained.
良い状態で維持されることを

学習のまとめに、何度も音読してみましょう。

全問題文が
スマホ・パソコンから
無料で聴けます

スマホの場合

1 お持ちのスマートフォンにアプリをダウンロードしてください。
ダウンロードは無料です。

QRコード読み取りアプリを起動し、
右のQR コードを読み取ってください。
QRコードが読み取れない方はブラウザから、
https://www.abceed.com/にアクセスしてください。

2 「中村澄子」で検索してください。

3 中村澄子先生の著作リストが出てきます。
その中に本書もありますので、音声をダウンロードしてください。
有料のコンテンツもあります。

パソコンの場合

1 下記サイトにアクセスしてください。
https://www.abceed.com/

2 表示されたページの下にある
「利用を開始する」をクリックしてください。

3 指示にしたがってプロフィールを登録してください。

4 「中村澄子」で検索してください。

5 中村澄子先生の著作リストが出てきます。
その中に本書もありますので、音声をダウンロードしてください。
有料のコンテンツもあります。

〈ご注意〉
・音声ファイルの無料ダウンロードサービスは、予告なく中止される場合がございますので、
ご承ください。
・本サービスへのお問い合わせは Abceed にお願いします。サイト内に「お問い合わせ
フォーム」がございます。

第1問

次の選択肢の中から正しいものを選びなさい。

While Donna Gibson is away on a business trip next week, Dongmei Xi has (　　) to approve all requests related to the project.

(炎・第9問)

(A) authorize

(B) authorities

(C) authorized

(D) authority

ヒント！

While Donna Gibson is away / on a business trip / next week, / Dongmei Xi has (　　) / to approve all requests / related to the project.

単 語 の 意 味

business trip……………………出張
approve [əprúːv]………………〜を承認する、許可する
related to 〜……………………〜に関係する

答え　(D) authority

訳

来週ドナ・ギブソンさんが出張で不在の間、プロジェクトに関する全ての要望を承認する権限はドンメイ・シーさんにあります。

構文解析

> While Donna Gibson is away on a business trip next week, Dongmei Xi has authority to approve all requests related to the project.

接続詞 while が導く従属節

[While Donna Gibson is away on a business trip next week,]
接　　　　　S'　　V' 副　　前置詞＋名詞　　形容詞＋名詞

主節

Dongmei Xi has authority (to approve all requests related
S　　　V　　O（名）　不定詞の形容詞的用法　　過去分詞

不定詞がうしろから　　「過去分詞＋修飾語」が
名詞 authority を修飾　　うしろから名詞 requests
を修飾

to the project).
＋修飾語

SVO 文型の文です。接続詞 while が導く従属節は、あとに続く主節を修飾しています。

最初に、英文の構造で基礎となる「5つの文型」について説明します。

FOCUS-1 ──[文型を決定づけるのは「動詞」]

　英語の単語は、役割に応じて**名詞・代名詞・冠詞・動詞・形容詞・副詞・接続詞・前置詞**といった品詞に分類することができます。英文の構造を理解するうえで最も重要度が高いのは、「**名詞**」と「**動詞**」です。

　「名詞」は文の中で主語（Subject）、目的語（Object）、補語（Complement）のいずれかになり、「動詞（Verb）」は文の型（＝文型）を決定づけます。英語の文型は、基本的に次の5つに分類されます。

5つの文型

・S（主語）＋V（動詞）
・S（主語）＋V（動詞）＋C（補語）
・S（主語）＋V（動詞）＋O（目的語）
・S（主語）＋V（動詞）＋O（目的語）＋O（目的語）
・S（主語）＋V（動詞）＋O（目的語）＋C（補語）

＊S/V/O/Cはそれぞれ、**S**ubject/**V**erb/**O**bject/**C**omplementの頭文字をとったものです。

＊この中でわかりにくいのは、C（補語）でしょう。「補語」は「補う語」という意味で、情報を付け足す語と考えてみてください。補う相手はSVC文型のときはS（主語）、SVOC文型のときはO（目的語）です。

SVC文型

Risa | is | a doctor.（リサは医師です）
　S　 V 　　C
　　S＝C

→主語であるRisaについての情報を付け足しており、S（主語）＝C（補語）の関係性が成り立っている。

SVOC文型

I | call | her | Risa.（私は彼女のことをリサと呼びます）
S 　V　　O 　 C
　　　　　 O＝C

→目的語であるherについての情報を付け足しており、O（目的語）＝C（補語）の関係性が成り立っている。

文型を決定づける品詞である「動詞」について、さらに掘り下げていきましょう。英語の動詞は「be 動詞」「一般動詞」に分けられ、一般動詞はさらに「自動詞」と「他動詞」に枝分かれします。TOEIC で特に重要なのは他動詞です。

TOEIC では他動詞の使い方がよく出題されます。

---

be 動詞

　日本語の「〜です」に相当する。SVC 型の文型となり、S（主語）と C（補語）にくる単語を結びつける役割を果たし、S＝C の関係が成り立つ。C には「名詞」もしくは「形容詞」がくるのが基本。原形は be で、主語にくる単語と時制によって、am/is/are/was/were などに変化する。

《例》
Robin **is** a lawyer.
（ロビンは弁護士です）＊SVC 型で、C には名詞 lawyer がきている。
Robin **is** happy.
（ロビンは幸せです）＊SVC 型で、C には形容詞 happy がきている。

一般動詞

　be 動詞以外のすべての動詞。主語にくる人やモノの「動作」や「状態」などを表す。

　主語が「三人称・単数・現在」（略して「三単現」とも呼ばれる）のときは語尾に -(e)s をつけ、過去形のときは -(e)d をつける。なかには eat（現在）－ ate（過去形）－ eaten（過去分詞）のように不規則変化をする動詞もある。

　一般動詞は、さらに「自動詞」と「他動詞」に枝分かれする。その違いは、うしろに目的語をとるかどうかである。

→自動詞

　うしろに目的語をとらない。

《例》

run（走る）、arrive（到着する）、smile（ほほ笑む）など

Sarah **runs**.（サラは走る）
The train **arrived**.（電車が到着した）
Ben **smiled**.（ベンはほほ笑んだ）

　ただし、実際の英文では次のように「副詞」や「前置詞＋名詞」などの修飾語が続くことが多い。

Sarah **runs** fast.
（サラは走るのが速い）SV 型＋修飾語（副詞）

The train **arrived** at the station.
（電車が駅に到着した）SV 型＋修飾語（前置詞＋名詞）

Ben **smiled** at the audience.
（ベンは聴衆に向かってほほ笑んだ）SV 型＋修飾語（前置詞＋名詞）

→他動詞

うしろに目的語をとる。目的語になるのは、名詞ならびに名詞相当語句（名詞句や名詞節など）である。

《例》

visit（〜を訪問する）、have（〜を持っている）、give（〜を与える）、make（〜を作る；〜を…の状態にする）など

David **visited** London.
（デイビッドはロンドンを訪れた）SVO 型

I **have** a license.
（私は免許を持っている）SVO 型

Alice **gave** me a present.
（アリスは私にプレゼントをくれた）SVOO 型

Bob **made** me happy.
（ボブは私を幸せにしてくれた）SVOC 型

問題文の has authority（権限を持っている）のところには、has（〜を持っている）という他動詞がきていることに着目しましょう。SVO 文型の文であり、O には「名詞」である authority が続いています。

注意すべきは、他動詞の目的語には名詞だけでなく、名詞的な働きをする名詞句や名詞節もくることです。「句」はS＋Vを含まない、2 語以上のかたまりを、「節」はS＋Vを含む、2 語以上のかたまりを意味します。

I know Risa. ［名詞］
（私はリサを知っています）
I know how to drive. ［名詞句］疑問詞＋不定詞
（私は運転の仕方を知っています）
I know that Jacob works hard. ［名詞節］接続詞 that が導く節
（私はジェイコブが懸命に働いていることを知っています）

いずれも、I know（私は〜を知っている）の部分は共通しています。how to drive（運転の仕方）や that Jacob works hard（ジェイコブが一生懸命働いていること）のような名詞句・名詞節も他動詞の目的語になることをおさえておきましょう。

FOCUS-2 ──[可算・不可算名詞]

文型を決定づける「動詞」と同じぐらい重要なのが、「名詞」です。問題文の has authority の箇所では、名詞 authority が他動詞の目的語になっています。ほかにも、名詞は文の中で「主語」や「補語」になります。

The **city** is beautiful. ←主語になる
（その街は美しい）
Emma is an **engineer**. ←補語になる
（エマはエンジニアです）

---

has authority の部分を読んで、なぜ冠詞の an がつかないのだろうと疑問を持った方もいるかもしれません。その理由は、ここでの authority は「権限」という意味で「不可算名詞」として使われているからです。

名詞は「可算名詞」「不可算名詞」に分類されます。「可算」は「数えられる」、「不可算」は「数えられない」という意味です。英和辞書では、可算は countable の頭文字を取って Ⓒ、不可算は uncountable なので Ⓤ と記載されています。

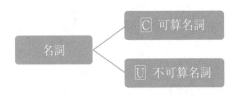

・可算名詞

　一般的に単数のときは、「1つの〜」を意味する不定冠詞の a/an や「その〜」と特定のものを意味する定冠詞 the がつく。複数のときは、語尾に -s/es がつく。

> 《例》a trip（旅行）、**the** project（そのプロジェクト）、tomato**es**（トマト）、resident**s**（住民ら）、shareholder**s**（株主ら）、worker**s**（従業員ら）

・不可算名詞

　数えられない名詞なので、不定冠詞の a/an や語尾の -s/es はつかない。単語の前に定冠詞 the がつくことはある。

> 《例》advice（アドバイス、助言）、affordability（手頃さ）、information（情報）、patronage（引き立て、愛顧）、satisfaction（満足）、software（ソフトウェア）

　注意すべきは、同じ単語でも意味によって、「可算」「不可算」に分かれることです。例えば、room という単語は、「部屋」という意味では可算名詞で数えられます。しかし、「空間」や「余地」という意味のときは不可算名詞で、数えられません。

　なお、問題文に出てきた名詞 authority は、「権限」という意味では不可算名詞で数えられません。しかし、authorities と複数形で用いるときは「当局」という意味になります。

　本書で取り上げている次の問題文（第 12/25/32/42/44 問）も、不可算名詞が登場する英文です。併せて学習しましょう。

12. Regus Jewelers offers **inspection** and **cleaning** of watches to ensure its customers' timepieces are well maintained.

＊ inspection「点検、検査」と cleaning「掃除、手入れ」は不可算名詞。ただし、inspection は具体例を挙げるときは可算名詞となる。

25. In order to gain **publicity** in an affordable and broad way, many retailers are turning to promoting their **businesses** through social media.

＊ publicity「周知、知名度、広報」と business「商売、ビジネス」は不可算名詞。ただし、business は具体例を挙げるときは可算名詞となる。

32. The town council voted unanimously for the **approval** of the Thomas Hicks building to be restored and reopened as a historical site.　　　＊ approval「承認」は不可算名詞。

42. Social networks have indeed changed **business** in terms of how people communicate and the speed at which **information** is exchanged.　　＊ information「情報」は不可算名詞。

44. The team of doctors has promised to remain in the area as long as there are residents who have needs that they can provide medical **care** for.

＊ care は「世話、保護」の意味では不可算名詞となる。

名詞の問題です。

選択肢の形が似ているので、品詞の問題かもしれない、と考えましょう。品詞の問題の場合、空欄前後が重要になります。

空欄前の has は他動詞なので、空欄には目的語である名詞が続くはずです。選択肢の中で、名詞は(B)の authorities と(D)の authority です。

authority は「権限、権威」という意味で使われる場合には不可算名詞扱いですが、複数名詞で使われる場合には「当局」という意味になります。

英文の意味を考えると、ここでは「権限」という意味で使われているとわかるため、(B)の authorities は不適切です。したがって、(D)の authority が正解となります。

簡単な問題ですがトリック問題です。うっかり(B)の authorities を選ぶ人が一定の割合いるのではないでしょうか。また、現在完了形ととらえて(C)の authorized (authorize「～に権限を与える」の過去分詞)を選んだ人もいると思いますが、authorized では文意が通りません。

While Donna Gibson is away / on a business trip /
ドナ・ギブソンさんが不在の間 / 出張で /

next week, / Dongmei Xi has authority /
来週　　　 / ドンメイ・シーさんが権限を持っています /

to approve all requests / related to the project.
全ての要望を承認する　　 / プロジェクトに関する

第2問

次の選択肢の中から正しいものを選びなさい。

Before booking business travel, staff must consult with their immediate supervisor to (   ) the trip has been approved.

(炎・第20問)

(A) demonstrate

(B) verify

(C) proceed

(D) include

ヒント！

Before booking business travel, / staff must consult / with their immediate supervisor / to(   )/ the trip has been approved.

単 語 の 意 味

book [búk] ································· ～を予約する
consult with ～ ······················ ～に相談する
immediate supervisor ········· 直属の上司
approve [əprúːv] ····················· ～を承認する、許可する

答え （B）verify

訳

ビジネス旅行を予約する前に、従業員は直属の上司に相談をし、その出張が許可されていることを確認する必要があります。

構文解析

> Before booking business travel, staff must consult with their immediate supervisor to verify the trip has been approved.

(Before booking business travel,)
　前置詞＋動名詞＋目的語

staff | must consult (with their immediate supervisor)
S　　　V　　　　　　前置詞＋名詞

(to verify ［* the trip has been approved］).
不定詞の　　↑ verify の直後（*）に that 省略
副詞用法　　　that 節が他動詞 verify の目的語になっている

　SV 文型の文です。文全体の S（主語）は staff で、V（動詞）は must consult の部分です。verify のうしろには、接続詞の that が省略されています。

　ここでは「形容詞」の役割について説明します。

FOCUS-3 ──[名詞を修飾するのは「形容詞」]

　「形容詞」と**「副詞」**には、ほかの品詞を修飾する役割があります。しかし、修飾する対象が異なるので、注意が必要です。「名詞」を修飾するのは「形容詞」です。対して、「副詞」はいくつかの例外を除いて、名詞を修飾することはありません。副詞には「動詞」「形容詞」「ほかの副詞」「句・節・文全体」を修飾するという役割があります。

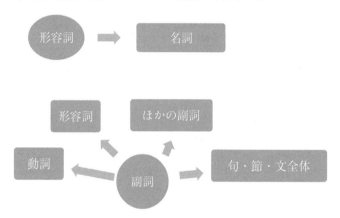

　問題文で使われている immediate supervisor（直属の上司）を例にとり、名詞を修飾する形容詞について学んでいきましょう。

immediate supervisor

名詞を修飾

　形容詞 immediate（直接の）が前から名詞 supervisor（上司）を修飾しています。このように、形容詞は前から名詞を修飾するのが基本の形です。

次に、形容詞 immediate の派生語である副詞 immediately
（すぐに、即座に）が動詞を修飾する例も比較のため見てお
きましょう。

The construction began **immediately.** （工事はすぐに始まった）
　　　　　　　　動詞　　　　　　副詞
　　　　　　　　　　動詞を修飾

She quit her job **immediately**. （彼女はすぐに仕事を辞めた）
　　動詞　目的語　　　副詞
　　　　　　動詞を修飾

　immediately のように「動作の様子」を表す副詞は、begin
（始まる）のような自動詞の場合はその直後に、quit（〜を
辞める）のような他動詞の場合は目的語のうしろに置かれる
のが一般的です。しかし、副詞の置かれる場所については柔
軟性があり、She **immediately** quit her job. のように動詞の
前に置かれることもあります。

　なお、副詞は【形】immediate →【副】immediate<u>ly</u> のよ
うに形容詞の語尾に -ly が付いたものが多いですが、fast の
ように形容詞と副詞の形が変わらないものもあります。

【形】He is a **fast** learner.
　　　（彼は物覚えが早い）＊直訳では「彼はすばやい学習者である」。
【副】He can run **fast**.
　　　（彼は速く走ることができる）

　TOEIC で要注意の副詞として、「程度」を表す hardly（ほ
とんど〜ない）があります。形容詞 hard（熱心な）の副詞
は同じく hard（熱心に）であって、hardly ではありません。

【形】She is a **hard** worker.
　　（彼女は仕事熱心だ）＊直訳では「彼女は熱心な働き手である」。

【副】She works **hard**.
　　（彼女は熱心に働く）＊hardly には「熱心に」の意味はないので、こ
　　　こでは使えない。

　副詞 hardly は She can **hardly** speak English.（彼女はほと
んど英語を話せない）のように否定的な意味で使います。

適切な意味の動詞を選ぶ問題です。

適切な意味の動詞を選ぶ問題は語彙問題と同じで、英文を読んで、全体の意味を考えなければなりません。

空欄に動詞が入り、空欄直後に接続詞の that が省略されていることがわからなければ英文を正確に訳せません。

「ビジネス旅行を予約する前に、その出張が許可されていることを〜するために従業員は直属の上司に相談をしなければならない」という英文の「〜」部分にどの動詞を入れれば文意が通るかを考えます。

(B)の verify「〜を確認する」であれば、文意が通ります。verify には他にも「〜を実証する」という意味があり、それぞれの意味でビジネスで頻繁に使われます。

(A)demonstrate「〜を論証する、説明する」、(C)proceed「続ける、進む」、(D)include「〜を含める、同封する」では文意が通りません。

Before booking business travel, / staff must consult /
ビジネス旅行を予約する前に /　従業員は相談しなければ
　　　　　　　　　　　　　　　　　　　なりません /

with their immediate supervisor /
彼らの直属の上司に /

to verify / the trip has been approved.
確認するために / その出張が許可されていること

第3問

次の選択肢の中から正しいものを選びなさい。

Dishma, Inc., is (　　) to widen its customer base throughout the region now that its distribution centers have been built.

(炎・第79問)

- (A) seeking
- (B) entitling
- (C) implying
- (D) applying

ヒント！

Dishma, Inc., is(　) / to widen its customer base / throughout the region / now that its distribution centers have been built.

単 語 の 意 味

widen [wáɪdn]······················· ～を拡大する
customer base···················· 顧客基盤、顧客ベース
throughout [θruáut]··············· ～の間中、～の至るところに
region [ríːdʒən]······················ 地域、地方
now that ～···························· 今や～だから
distribution center············· 流通センター

答え　(A) seeking

訳

流通センターが完成したので、ディシュマ社ではその地域での顧客基盤を拡大しようとしています。

構文解析

> Dishma, Inc., is seeking to widen its customer base throughout the region now that its distribution centers have been built.

its = Dishma, Inc.'s

主節

Dishma, Inc., | is seeking | to widen its customer base
　S　　　　　　　V　　　　　O (不定詞の名詞用法)

(throughout the region)
前置詞＋名詞

従属節

[now that | its distribution centers | have been built].
　接　　　　　　　S'　　　　　　　　　　V'

↑ its = Dishma, Inc.'s

　SVO 文型の文です。他動詞 seek の目的語（O）には、不定詞の名詞用法（～すること）のかたまりがきています。不定詞の名詞用法については、第 14 問の《FOCUS-20》で詳しく取り上げます。

　ここでは「人称代名詞」「複合名詞」について説明します。

FOCUS-4 ──[代名詞の所有格のうしろには「名詞」がくる]

its customer base や its distribution centers の部分に着目します。いずれも《代名詞の所有格 its ＋名詞》の組み合わせになっています。「代名詞」は、同じ名詞の繰り返しを避けるために代用できる、便利な品詞です。its のような代名詞は「**人称代名詞**」と呼ばれます。

　代名詞にはこのほかに、this（これ）や that（あれ）といった、特定の人やモノを指し示す「指示代名詞」や some（いくつか、何人か）や all（すべて、全員）といった不特定のものを意味する「不定代名詞」があります。

　人称代名詞は、文の中でどう働くかによって形が変わるので要注意です。

人称代名詞　一覧

人称	数・性	主格	所有格	目的格	所有代名詞	再帰代名詞
一人称	単数	I	my	me	mine	myself
	複数	we	our	us	ours	ourselves
二人称	単数	you	your	you	yours	yourself
	複数	you	your	you	yours	yourselves
三人称	単数・男性	he	his	him	his	himself
	単数・女性	she	her	her	hers	herself
	単数・中性	it	its	it		itself
	複数	they	their	them	theirs	themselves

・**主格**：「主語」として働く。
・**所有格**：「〜の」と所有を表す。
・**目的格**：「目的語」として働く。
・**所有代名詞**：「〜のもの」と所有物を表す。
・**再帰代名詞**：代名詞の語尾に -self/-selves をつけると、「〜自身」という意味になる。

- **一人称**：「私」「私たち」、すなわち話し手自らのこと。
- **二人称**：「あなた」「あなたがた」、すなわち聞き手のこと。
- **三人称**：「彼（ら）・彼女（ら）・それ（ら）」というように、話し手・聞き手以外の第三者的存在。

　人称代名詞がどのように使われるのか、it を例に取りましょう。

「主語」として働く→「主格」it

I attended a workshop. **The workshop** was helpful.
（私はワークショップに参加した。**そのワークショップは**役立った）

　　　　　↓ workshop が2回出てきて重複してしまう。
　　　　　　そこで the workshop の代わりに it を使う。

I attended a workshop. **It** was helpful.
（私はワークショップに参加した。**これは**役立った）

「〜の」と所有を表す意味になる→「所有格」its

ABC System is a software company. **ABC System's** office is in London.
（ABC システムはソフトウェア企業である。**ABC システムの**オフィスはロンドンにある）

* 「's」は「アポストロフィの『'』＋小文字の s」の組み合わせで、「〜の」という所有を表す表現です。よって、「ABC システムの〜」という意味になります。

　　　　　↓ ABC System が2回出てきて重複してしまう。
　　　　　　そこで ABC System's の代わりに its を使う。

ABC System is a software company. **Its** office is in London.
（ABC システムはソフトウェア企業である。**その**オフィスはロンドンにある）

「目的語」として働く→「目的格」it

Suzy found an old book and sold **the old book**.
（スージーは古い本を見つけて、**その古い本を**売った）

　　　　　↓ old book が2回出てきて重複してしまう。
　　　　　　　そこで the old book の代わりに it を使う。

Suzy found an old book and sold **it**.
（スージーは古い本を見つけて、**それを**売った）

　主格と目的格の代名詞はそれ単体で使えますが、所有格は必ず「所有格＋名詞」の組み合わせになります。

　問題文では Dishma, Inc.（ディシュマ社）という会社名、すなわち「三人称・単数名詞」の代わりに代名詞が使われています。もし代名詞を使わないと、それぞれ <u>Dishma, Inc.'s customer base</u> と <u>Dishma, Inc.'s distribution centers</u> となり、会社名が3回も出てきてしまうことになります。それを避けるために、代名詞の its が使われているというわけです。

　「企業名」を代名詞で言い換えるときは、三人称・単数扱いです。つまり、主格 it ／所有格 its ／目的格 it のいずれかを使うわけです。たとえ企業名が Payton Motors（ペイトン・モーターズ）のように -s で終わっていても、ひとつの企業であれば単数扱いであることに注意しましょう。

　本書で取り上げている次の問題文（第 9/10/12/19/23/36/40 問）も、人称代名詞が登場する英文です。併せて学習しましょう。

9. Every spring, **Strogham Corporation** hosts a three-day orientation at **its** corporate headquarters for all newly hired staff members.

10. **Diamond Fashions** has expanded **its** retail chain from California to New York and is looking to move into the European market next year.

12. **Regus Jewelers** offers inspection and cleaning of watches to ensure **its** customers' timepieces are well maintained.

19. In order for **the company** to fulfill **its** objective of expanding overseas, **it** must first raise funds through the sale of underperforming divisions.

23. Because **Thorton Industrics** had built a solid reputation with **its** local customer base, **it** was easy for **it** to expand into adjacent markets.

36. Once **an application** is received, **it** is thoroughly reviewed and candidates are contacted so that an interview can be scheduled.

40. So that **the firm** can better satisfy clients' requirements, **it** adds alternatives to some of the standard services **it** provides.

＊下線は人称代名詞が指す名詞。

FOCUS-5 ——[　　複合名詞　　]

　customer base（顧客基盤）と distribution centers（流通
センター）という表現に着目しましょう。これらの単語は、
「名詞」＋「名詞」の組み合わせになっています。英語では、
このように「名詞」＋「名詞」のセットで**「複合名詞」**とな
り、ひとつの名詞のまとまりとなります。下記は TOEIC で
押さえておきたい複合名詞です。

複合名詞

　art exhibition（美術展）

　business travel（出張）

　cost estimate（費用の見積書）

　customer satisfaction（顧客満足）

　expense report（経費報告書）

　keynote speaker（基調講演者）

　production rate（生産率）

　profit growth（利益の伸び）

　quality control（品質管理）

　travel expenses（出張旅費）

適切な意味の動詞を選ぶ問題です。

現在進行形が使われているので、選択肢は全て現在分詞ですが、適切な意味の動詞を選ぶ問題だとわかります。

適切な意味の動詞を選ぶ問題は語彙問題と同じで、英文を読んで、全体の意味を考えなければなりませんが、この英文の場合 Dishma, Inc., is ( ) to widen its customer base throughout the region 部分をチェックするだけで正解がわかります。「ディシュマ社ではその地域での顧客基盤を拡大〜している」という意味の「〜」にあたるのが ( ) to です。

「拡大しようとしている」にすれば文意が通るので、正解は (A) の seek「**求める**」だとわかります。**seek to 〜で「〜しようとする」という意味**になります。

空欄後に置かれた widen its customer base「顧客基盤を拡大する」という表現が大きなヒントになります。マーケティング関連のレポートなどでよく使われます。

(B) entitling は entitle「〜に資格 [権利] を与える」、(C) implying は imply「〜を暗示する」、(D) applying は apply「〜を適用する」の現在分詞ですが、文意が通りません。

Dishma, Inc., is seeking / to widen its customer base /
ディシュマ社は求めている / 顧客基盤を拡大することを /

throughout the region /
その地域の至るところで /

now that its distribution centers have been built.
今はもう流通センターが完成したので

第4問

次の選択肢の中から正しいものを選びなさい。

Most critics agree that Gateway's latest line of smartphones is impressive, but sales will be weak until they become more (   ).

(炎・第32問)

(A) afforded

(B) affording

(C) affordable

(D) afford

ヒント！

Most critics agree / that Gateway's latest line of smartphones is impressive, / but sales will be weak / until they become more (   ).

単 語 の 意 味

critic [krítɪk]·······················評論家、批評家
latest [léɪtɪst]······················最新の
impressive [ɪmprésɪv]···········見事な、感銘を与える
sale [séɪl]·····························売り上げ、売上高

答え (C) affordable

訳

多くの評論家は、ゲートウェイの最新スマートフォンシリーズは素晴らしいということで意見が一致していますが、値下がりするまで売り上げは低調でしょう。

構文解析

> Most critics agree that Gateway's latest line of smartphones is impressive, but sales will be weak until they become more affordable.

主節

Most critics agree
　　　S　　　 V

that Gateway's latest line of smartphones is impressive,
　　　　　　　　O (that 節)

主節

but sales will be weak
接続詞 S 　V 　 C (形)

従属節

[until they become more affordable].
　接　S'　V'　　副　　C' (形)

↑ they = Gateway's latest line of smartphones

　接続詞 but が前後の「節」を結びつけている文です。前者は SVO 文型で、接続詞 that が導く that 節が他動詞 agree の目的語になっています。後者は SVC 文型で、「S = C」の関係が成り立っています。つまり、sales = weak の関係です。さらに、接続詞 until が導く節は「従属節」として「主節」の部分 (= sales will be weak) を修飾しています。

FOCUS-6 ──[うしろに「補語」をとる動詞]

　"is impressive" "be weak" "become more affordable" の箇所に注目します。これらに共通しているのは、形容詞がC（補語）になっている点です。文型はいずれも SVC 型になっています。

Gateway's latest line of smartphones is impressive
　　　　　　　　　　S　　　　　　　　　　V　C（形）

sales will be weak
　S　　V　　C（形）

they become more affordable
　S　　V　　　　C（形）

　be 動詞や become のような「不完全自動詞」が V にくると SVC 文型の形をとり、C（補語）には名詞か形容詞がきます。

　「不完全自動詞」とは、「補語」をうしろに必要とする動詞のことです。つまり、「主語」と「不完全自動詞」だけの組み合わせでは文が不完全になってしまうわけです。

　仮に問題文の英文が、sales will be.（売り上げはだろう）や They become.（それらはなる）で文が終わってしまっていたら、意味が通りません。うしろに補語がないと文として成り立たないのです。

　対して、He smiled.（彼はほほ笑んだ）で使われている smile（ほほ笑む）のような動詞は、うしろに補語が必要ありません。こうした動詞は「完全自動詞」と呼ばれます。

　becomeは「〜になる」という意味なので、日本語の訳につられると「他動詞」だと思ってしまいがちです。ですが、becomeは自動詞であり、うしろにくるのはO（目的語）ではなく、C（補語）です。becomeのうしろには、名詞もしくは形容詞がきます。

・We became **friends**.（私たちは友達になった）
　S　　V　　C（名）
・The company became **famous**.（その企業は有名になった）
　　S　　　　　V　　　　C（形）

　becomeやbecome同様に、うしろに「補語」を必要とする動詞に、remain（依然〜のままである）があります。remainは「とどまる、残る」の意味では補語を必要としませんが、「依然〜のままである」の意味のときは補語が必要です。

　不完全自動詞のremainは、TOEIC的にも重要な単語です。

The economy remains weak.（経済は低迷のままだ）
　　S　　　　V　　　　C（形）

なお、本書の第7問で取り上げている次の問題文でも、remain が登場します。こちらは補語に「名詞」がくるパターンです。併せて学習しましょう。

> 7. Readers are reminded that the contents of this book **remain** the exclusive **property** of the writer and may not be copied without prior consent from Alpha Publications.

FOCUS-7 ──[　補語になる形容詞　]

「形容詞」には大きくわけて2つの役割があります。それは①名詞を修飾する、そして②文の中で補語になる、ということです。問題文に出てきた impressive/weak/affordable は、どちらの用法にもなりうる形容詞です。

---

①名詞を修飾する
・**impressive** performance（素晴らしい業績）
・**weak** point（弱点）＊直訳は「弱い点」
・**affordable** price（手頃な値段）

---

②文の中で補語になる
・The scenery is **impressive**.（その景色は素晴らしい）
・The domestic economy is **weak**.
　　　　　　　　　　　　　　（国内経済は低迷している）
・The price was **affordable**.（その価格は手頃だった）
＊上のような SVC 型の構造では、S（主語）＝ C（補語）の関係が成り立つことをおさえておきましょう。

　問題文には3つの接続詞が含まれています。それは前から that/but/until です。それぞれ文の中における役割が異なります。

Most critics agree **that** Gateway's latest line of smartphones is impressive, **but** sales will be weak **until** they become more affordable.

- **that**：名詞節を導き、他動詞 agree の目的語になっている。
- **but**：「等位接続詞」として、前後の「節」を対等な関係で結びつけている。
- **until**：「従属接続詞」として、「主節」と「従属節」を結びつけている。

　まず、名詞節を導く **that** から見ていきます。that は「指示代名詞」「形容詞」「副詞」「関係代名詞」以外に、「接続詞」としての役割があることを押さえておきましょう。

●比較！

that には多彩な役割があります。

・指示代名詞

That is great.
（それは素晴らしい）
↑「それ」を意味する

・形容詞

That suitcase isn't mine.
（そのスーツケースは私のものではありません）
↑形容詞「その〜」を意味し、うしろの名詞 suitcase を修飾

- **副詞**

  The chicken wasn't **that** bad.

  （チキンはそんなに悪くなかった）

  　　　　　　↑「そんなに」を意味し、うしろの形容詞 bad を修飾

- **関係代名詞**

  The chicken **that** they served was good.

  （彼らが出してくれたチキンはおいしかった）

  　　　　　　↑ that が導く関係詞節 that they served が
  　　　　　　直前の先行詞 the chicken をうしろから修飾

  →関係代名詞としての that は本書の第 39 問で詳しく解説しています。

- **接続詞**

  I agree **that** he is a great leader.

  （彼が素晴らしいリーダーであることに同意します）

  　　　　　↑ that が導く名詞節 that he is a great leader が
  　　　　　他動詞 agree の目的語になっている

  ＊「節」とは「S+V を含む 2 語以上のかたまり」のことで、「名詞節」は名詞と同等の役割をする節のことです。簡単に言うと、「名詞節」＝「大きな名詞のかたまり」と考えてみてください。

　接続詞としての that は「〜であること」という意味で「名詞節」を導き、他動詞の目的語になったり、他にも文の中で S（主語）になったり C（補語）になったりします。なお、動詞のうしろにくる接続詞 that は省略可能です。

I agree **(that)** he is a great leader.
　　　　　↑省略可

　Part 5 の問題文では、agree 以外にも《他動詞＋that 節》の組み合わせがよく使われています。うしろに that 節を取る他動詞として、次のものは押さえておきましょう。

- announce「〜を発表する」
  The company **announced (that)** it will acquire ABC Solutions.
  （その企業は ABC ソリューションズを買収することを発表した）
- ensure「〜を確実にする」
  Please **ensure (that)** your seat belt is fastened.
  （ご自身のシートベルトが締まっていることをご確認ください）

このほか、check（〜を点検する）、guarantee（〜を保証する）、mean（〜を意味する）、remember（〜を覚えている、忘れない）、state（〜と表明する）、show（〜を示す）、verify（〜を確かめる）といった他動詞もうしろに that 節を取ります。

さらに、TOEIC で要注意なのが、「同格」の接続詞としての that です。「名詞＋that 節」の形で、前の名詞をうしろの that 節が補足説明するというものです。

that が導く節が直前の名詞 fact を修飾

Despite the fact **that he is retired**, he is still making money as a speaker.
（引退しているにもかかわらず、彼はいまだ講演者としてお金を稼いでいる）

同格の that は「〜という」と訳します。したがって、the fact that he is retired は直訳すると「彼が引退しているという事実」となります。

関係代名詞の that と見分けがつかない、という方もいるかもしれません。「関係代名詞」と「同格」の that の一番の違いは、that 節の中の文が完結しているかどうかです。

関係代名詞の that に続く部分は、それだけを抜き取ると完結した文にはなりません。前出の例文 The chicken **that they served** was good. にある、they served のところを見て

ください。これだけでは「彼らが提供してくれた」となり、目的語に当たる部分がありません。これは目的語にあたる部分が関係代名詞として前に出ているからです。

対して、the fact **that** he is retired のところの he is retired は「彼は引退している」となり、SVC 文型の完結した文が成り立っています。このように、同格の that のうしろはきちんと成立した文が続くのがポイントです。

なお、本書では次の問題文（第 35 問）で「同格の that」について詳しく解説しています。併せて学習しましょう。

---

35. The pharmaceutical company has offered investors assurance **that** no further mergers will take place in the next five years.

続いて、**but** sales will be weak **until** they become more affordable のところで使われている接続詞 but や until について学びましょう。

but は「**等位接続詞**」と呼ばれ、前後の「節」（＝ SV を含む 2 語以上のかたまり）を対等な関係で結んでいます。対して、until は「**従属接続詞**」と呼ばれ、従属節を導きます。

「従属節」は、「主節」を修飾する補佐的な役割をしていると考えてください。

「等位接続詞」と「従属接続詞」、それぞれの役割をおさえておきましょう。

等位接続詞 and/but/or

「語と語」や「句と句」、「節と節」を対等な関係で結びつける。

A and B（A と B）

「語と語」

style **and** affordability（スタイルと手頃な価格）
名詞　　　　名詞　　　　　　　　　　　　　（炎・第 94 問より）

「句と句」

Through a restructuring plan designed to <u>reduce costs</u> **and** <u>boost margins</u>, Greenfield Corporation will shut <u>50 outlets in the US</u> **and** <u>15 franchises in Canada</u>.

（コストを削減し、利幅を大きくしようと設計された再建計画により、グリーンフィールド社は米国にある 50 店の販売店と、カナダにある 15 店のフランチャイズ店を閉鎖します）（炎・第 71 問より）

「節と節」

I play the piano **and** she plays the violin.
（私はピアノを弾き、彼女はバイオリンを演奏する）

A but B（A だけれども B）

stylish **but** affordable（スタイリッシュであるが手頃な）
形容詞　　　　形容詞

A or B（A もしくは B）

chicken **or** fish（チキンか魚）
名詞　　　　名詞

従属接続詞

「主節」と「従属節」を結びつける。「主節」のほうがメインの節であり、「従属節」は主節を修飾する関係。問題文に出てきた until 以外にも、「時」を表す

when、「理由」を表すbecause、「譲歩」を表すalthoughなどいろいろな接続詞がある。

When we met, they looked happy.
（私たちが会ったとき、彼らは幸せそうに見えた）

I couldn't sleep **because** it was too cold.
（寒すぎたので、私は眠れなかった）

Although Ted was tired, he could not sleep.
（テッドは疲れていたけれども、眠ることができなかった）

「主節」と「従属節」の順序は基本的に入れ替え可能ですが、従属節が先にくるときは、従属節の終わりに「カンマ (,)」がくる点に注意しましょう。

主節 従属節

従属節, 主節
　　↑ここにカンマがきます。

They looked happy **when** we met. ← 主節 従属節
When we met, they looked happy. ← 従属節, 主節

形容詞の問題です。

選択肢に似た形の単語が並んでいるので、品詞の問題かもしれないと考えます。品詞の問題の場合、空欄前後が重要になります。空欄の少し前が動詞の become「～になる」です。

become は不完全自動詞（＝後ろに補語を必要とする自動詞）のひとつで、第２文型［S（主語）＋V（動詞）＋C（補語）］で用いられます。補語には名詞か形容詞が入ります。

名詞が入るのはこの節の主語である they と補語の内容が同じ場合で、形容詞が入るのは主語である they の状態を説明する場合です。

they はこの英文では、Gateway's latest line of smartphones「ゲートウェイの最新スマートフォンシリーズ」のことを指します。スマートフォンシリーズが手頃な価格になるという意味になるはずなので、形容詞である (C) の affordable「手頃な価格の」が正解だとわかります。

ここでは、空欄前に more があり、空欄部分が比較級になっていますが比較級になっていても考え方は同じです。

第２文型を作る代表的な動詞は be 動詞なので、become を be 動詞である are に置き換えて考えれば、正解が選びやすくなります。

Most critics agree /
多くの評論家は意見が一致しています /

that Gateway's latest line of smartphones is impressive, /
ゲートウェイの最新スマートフォンシリーズは素晴らしいと /

but sales will be weak / until they become more affordable.
しかし売り上げは低調だろう / それらが手頃な値段になるまで

第5問

次の選択肢の中から正しいものを選びなさい。

As of January 1, documents explaining the (　　) for handling emergency situations must be available to all employees.

(炎・第75問)

(A) procedure

(B) confirmation

(C) commitment

(D) findings

ヒント！

As of January 1, / documents / explaining the (　　　　　) / for handling emergency situations / must be available / to all employees.

単語の意味

as of ～ ··························· ～現在、～以降は
handle [hǽndl] ····················· ～に対処する、～を扱う
emergency situation ·········· 緊急［非常］事態
available [əvéɪləbl] ··············· 利用可能な、入手可能な
employee [ɪmplɔ́ɪiː] ·············· 従業員、会社員

訳

1月1日時点で、緊急事態に対処するための手順を説明する書類は全従業員が入手可能でなければなりません。

構文解析

> As of January 1, documents explaining the procedure for handling emergency situations must be available to all employees.

(As of January 1,)
　前置詞＋名詞

documents (explaining the procedure for handling emergency situations)
　S　　　　　　現在分詞＋名詞　　　　　　　　前置詞＋動名詞

　　　　　「現在分詞＋名詞」が　　　「前置詞＋動名詞」が
　　　　　うしろから　　　　　　　うしろから
　　　　　名詞 documents　　　　　名詞 procedure
　　　　　を修飾　　　　　　　　　を修飾

must be available (to all employees).
　V　　　C（形）　　前置詞＋名詞

　修飾語句のせいで難しく見えますが、文として最重要なのは documents must be available のところです。SVC 文型になっており、文全体の S（主語）は documents、V（動詞）は must be で、C（補語）には形容詞 available がきています。

　ここでは「現在分詞」について説明します。

FOCUS-9 ──[現在分詞の後置修飾]

　documents explaining the procedure ...の部分に着目します。explain が -ing 形となっています。これは動詞が「現在分詞」となって直前の名詞を修飾していることを表します。

　動詞の変化した形である「**分詞**」は、「動詞」と「形容詞」の役割を兼ね備えたもので、①**現在分詞（-ing 形）**と②**過去分詞（-ed 形）**の２つがあります。どちらも形容詞のように名詞を修飾することができます。ただし、①は「〜する」「〜している」という能動的な意味になり、②は「〜された」と受け身の意味になることに注意しましょう。

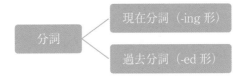

分詞 ── 現在分詞（-ing 形）／過去分詞（-ed 形）

現在分詞

　動詞の語尾に -ing をつけたもので、「〜する」と能動的な意味をもつ。

《例》

excite（〜をワクワクさせる）→ exciting（ワクワクする）

　　an **exciting** project（ワクワクするプロジェクト）

　　　↑現在分詞 exciting が形容詞的に名詞 project を修飾

・**過去分詞**

　動詞の語尾に -ed をつけたもので、「〜された」と受動的な意味をもつ。

《例》

use（〜を使う）→ used（中古の）

　　a **used** car（中古車）

　　　↑過去分詞 used が形容詞的に名詞 car を修飾

分詞は、基本的に1語で修飾するときは名詞の前に置き、「分詞＋修飾語」の形で修飾するときは通常、名詞のうしろに置きます。

前から修飾（＝前置修飾）

working place（仕事場）＊直訳は「働く場所」
[現在分詞] [名詞]

修飾

うしろから修飾（＝後置修飾）

people working from home（在宅勤務をする人々）
[名詞]　[現在分詞＋修飾語]

修飾

　問題文の explaining the procedure for handling emergency situations は修飾語をともなう現在分詞です。名詞 documents をうしろからひとつの大きなかたまりが修飾していると考えてみてください。

修飾

[名詞]　[現在分詞＋修飾語]

documents explaining the procedure for handling
　　　　　emergency situations

　本書で取り上げている次の問題文（第8問）も、現在分詞の後置修飾が登場する英文です。

8. Many conference attendees arrived late because of a traffic jam, which was primarily caused by **people** **leaving town for the holiday weekend**.

*下線が修飾されている名詞。

　また、本書で取り上げた50問には含まれていませんが、『炎の千本ノック！』には現在分詞の後置修飾を含む英文が登場しています。併せて学習しましょう。

The embassy has agreed to host an education fair that will allow **anyone** **wishing to study abroad** to collect comprehensive information from one location. （炎・第80問）
（海外留学を希望する人が一カ所で総合的な情報収集ができるよう、大使館は教育フェアを開催することに同意しました）

Anyone **needing a ride to the conference site** should put their name on the shuttle bus list located at the hotel lobby's reception desk. （炎・第117問）
（会議場まで送迎が必要な方は、ホテルロビーのフロントに置かれたシャトルバスの名簿に名前を記入する必要があります）

語彙問題です。

語彙の問題は英文を読み、全体の意味を考えなければなりません。

「1月1日時点で、緊急事態に対処するための〜を説明する書類は全従業員が入手可能でなければならない」という英文で、「〜」部分に何を入れればいいのかを考えます。

(A)の procedure「手順、手続き」であれば、文意が通ります。

(B)confirmation「確認、確認書」、(C)commitment「関わり合い、傾倒、確約」、(D)findings「調査結果、研究結果」では文意が通りません。

procedure は仕事で使われることも多い単語だからか、語彙問題としてよく出題されます。

As of January 1, / documents / explaining the procedure /
1月1日時点で / 書類は / 手順を説明する /

for handling emergency situations / must be available /
緊急事態に対処するための / 入手可能でなければなりません /

to all employees.
全従業員にとって

第**6**問

次の選択肢の中から正しいものを選びなさい。

Problems related to defects found in the vehicles produced in the Louisiana plant (　　) with the installation of a new computer system.　(炎・第3問)

(A)　originally

(B)　originates

(C)　originating

(D)　originated

ヒント！

Problems / related to defects / found in the vehicles /produced in the Louisiana plant /(　)/ with the installation / of a new computer system.

単 語 の 意 味

defect [díːfekt]·····················欠陥、不具合
vehicle [víːəkl]·····················車、車両
plant [plǽnt]························工場
installation [ìnstəléiʃən]············導入、取り付け

訳

ルイジアナ工場で生産された車両で見つかった欠陥に関する問題は、新しいコンピューターシステムの導入に起因していました。

構文解析

> Problems related to defects found in the vehicles produced in the Louisiana plant originated with the installation of a new computer system.

Problems
S

(related to defects) 過去分詞が直前の名詞 problems を修飾

(found in the vehicles) 過去分詞が直前の名詞 defects を修飾

(produced in the Louisiana plant) 過去分詞が直前の名詞 vehicles を修飾

originated (with the installation of a new computer system).
V　　　前置詞＋名詞　　　前置詞＋名詞

「前置詞＋名詞」が直前の名詞 installation を修飾

　修飾語句が次から次へと現れ難しく見えますが、一番大事なのは Problems originated の部分です。SV 文型となっており、S が Problems で、V が originated です。

　ここでは「過去分詞」について説明します。

FOCUS-10 ──[名詞を修飾する過去分詞]

　最初に出てくる名詞 Problems が主語です。直後に出てくる related を見て、「これが動詞だ！」と思った方がいるかもしれません。しかし、読み進めると、found や produced など、一見動詞のように見えるもの（＝「過去形」と「過去分詞形」が同じもの）が出てきます。

　実は最初に出てきた3つ、すなわち related/found/produced という「動詞のように見えるもの」はすべて「過去分詞」であり、形容詞的にそれぞれ直前の名詞を修飾しています。そして、最後に登場する originated が文全体の動詞となります。

　動詞を過去分詞（-ed 形）に変えることで、形容詞の働きをし、名詞を修飾します。「～された」が直訳です。動詞 break を例にとります。

他動詞 **break**　→　a **broken** cup
「～を壊す」　　　　過去分詞　名詞

　　　　　　　　　　　　修飾

　動詞 break は break（原形）- broke（過去形）- broken（過去分詞形）と変化する、不規則変化動詞です。過去分詞 broken は「壊された」という意味になり、a broken cup は直訳すると「**壊されたコップ**」、意訳すると「**壊れたコップ**」となります。

　このように、過去分詞は1語の場合、形容詞的に前からうしろの名詞を修飾するのが一般的です。前から名詞を修飾する分詞の形容詞的用法は、「前置修飾」とも呼ばれます。

これに対して、過去分詞が修飾語をともなうと、通常うしろから前の名詞を修飾します。

a cup **broken by Tom**
名詞 過去分詞 修飾語

　　修飾

直訳「**トムによって壊されたコップ**」
↓
意訳「**トムが壊した**コップ」

　このように、過去分詞が修飾語をともなって、うしろから名詞を修飾するのは、「後置修飾」と呼ばれます。

　名詞を修飾するのは「形容詞」だけではありません。形容詞の働きをする「分詞」も同じように、前やうしろから名詞を修飾することがあることをおさえておきましょう。

　本書で取り上げた50問には含まれていませんが、『炎の千本ノック！』では過去分詞の後置修飾を含む英文が登場しています。併せて学習しましょう。

The annual **conference** initially **scheduled** for November 30 has been moved to December 7 so that more employees will be able to participate. (炎・第83問)
（もともと11月30日に予定されていた年次会議は、より多くの社員が参加できるよう12月7日に変更されました）

Space Corporation provides affordable offices that are fully accessible around the clock, and offers **leasing plans designed** to suit almost any budget. (炎・第125問)
（スペースコーポレーションは、一日中自由にアクセルできる手頃な価格のオフィスを提供し、ほとんどいかなる予算にも合わせるようデザインされた賃貸計画を提示します）

Until you have submitted your **expense report accompanied** with original receipts, reimbursement cannot be processed.　(炎・第134問)
（領収書原本が添付された経費報告書を提出するまで、払い戻しの処理は行われません）

Although the **price offered** for the proposed acquisition of Base, Inc., was considered fair by most market experts, it was rejected by the shareholders.　(炎・第139問)
（ベイス社買収のために提示された価格は、ほとんどの市場専門家によって公平と見なされたものの株主によって却下されました）

＊下線が修飾されている名詞。

主語と動詞の一致の問題です。

この英文の主語は Problems と複数名詞です。Problems に続く related to defects found in the vehicles produced in the Louisiana plant 部分は修飾語です。したがって、空欄部分には Problems を主語にする動詞が入るはずだとわかります。

動詞は (B) の originates と (D) の originated です。主語が複数名詞の場合、(B) の originates は使えませんが、(D) の originated であれば使えます。過去形である (D) の **originated** が正解です。originate は「由来する、起こる」という意味の動詞です。

主語と動詞の一致の問題では、正解を選ぶ際に現在形ばかりに目がいきがちですが、過去形にも目を向けましょう。頻繁に出題されているパターン問題で、一種のトリック問題です。

力不足の人は過去分詞である found や produced を動詞の過去形だと勘違いし、間違った答えを選んでしまいます。そういう人は、修飾語が多用されている英文を使って、主語と動詞をおさえる練習をしましょう。

Problems / related to defects / found in the vehicles /
問題は /　　欠陥に関する /　　　車両で見つかった /

produced in the Louisiana plant / originated /
ルイジアナ工場で生産された / 由来した /

with the installation / of a new computer system.
導入に / 新しいコンピューターシステムの

第7問

次の選択肢の中から正しいものを選びなさい。

Readers are reminded that the contents of this book remain the exclusive property of the writer and may not be copied without prior (　　) from Alpha Publications.

(炎・第25問)

(A) signature
(B) involvement
(C) consent
(D) subscription

ヒント！

Readers are reminded / that the contents of this book / remain / the exclusive property of the writer / and may not be copied / without prior (　) / from Alpha Publications.

単 語 の 意 味

remind [rɪmáɪnd] .... 〜に思い出させる、気付かせる
contents [ká:ntents] .... （複数形で）内容、中身
remain [rɪméɪn] .... 〜のままである
exclusive [ɪksklú:sɪv] .... 独占的な、排他的な
property [prá:pərti] .... 資産、所有物
copy [ká:pi] .... 〜を複製する、コピーする
prior [práɪər] .... 事前の

訳

読者の皆様は、本書の内容の所有権は著者のみに帰属し、ア
ルファ出版に無断で複写することは禁止されていることをご
了承ください。

構文解析

> Readers are reminded that the contents of this book
> remain the exclusive property of the writer and may
> not be copied without prior consent from Alpha
> Publications.

Readers | are reminded
 S   V

O (that 節)

> that | the contents (of this book) | remain
>   S'   V'
> the exclusive property (of the writer)
>   C'
> and | may not be copied
> 接続詞   V'
> (without prior consent from Alpha Publications).
> 前置詞＋名詞   前置詞＋名詞

　　能動態だと SVOO 文型だった文が、受動態になって SVO
文型になっています。他動詞 remind は「remind＋O（人）
＋O（that 節）」の SVOO 型をとることがあります。問題文
はそれが受動態になっています。ここでは「目的語」と「接
続詞」について説明します。

FOCUS-11 ── [直 接 目 的 語 と 間 接 目 的 語]

　SVOO 文型では、最初の O に「人」、次の O に「モノ」が
きます。「～に」にあたる「人」を「間接目的語」、「～を」
にあたる「モノ」を「直接目的語」といいます。SVOO 文型
をとる代表的な動詞は tell や give、offer です。TOEIC では
特に give と offer が大事です。

```
 S    V      O       O
 I will tell you the truth.
```
（あなたに真実をお伝えします）
　　　　　[人]　[モノ]

　　間接目的語　直接目的語

```
     S        V         O        O
 The company gave the employees bonuses.
```
（その企業は従業員らに賞与を与えた）

この文を受動態にすると、次のようになります。

```
      S          V        O    [前置詞＋名詞]
 The employees were given bonuses by the company.
```
（従業員らはその企業によって賞与を与えられた）

　　ここでの前置詞 by は「～によって」という意味で、行為
者を表します。能動態だと SVOO 文型だったものが、受動
態になると SVO 文型になることがわかります。

　　問題文 Readers are reminded that ...では「人」の部分、
つまり能動態の文のときには「間接目的語」にあった
readers が主語にきて受動態の文になっています。問題文を
あえて能動態に書き換えると、We remind **readers** that ...
（われわれは読者に that 以下のことを念押しします）のよう

になります。

　文頭の We は受動態の文になったら by us にならないのか
と、「by＋行為者」が問題文に含まれていないことを疑問に
思った方もいるでしょう。受動態の文では、行為者を示すこ
とがとりたてて重要でない場合や漠然とした人々を指す場合
は、「by＋行為者」については言及されません。

FOCUS-12 ──[等位接続詞がつなぐもの]

　問題文の構造を理解するのに重要なのが、等位接続詞 and
が果たしている役割です。この文の that 節のかたまりは非
常に長いですが、and が 2 つの動詞（remain と may not be
copied）をつないでいることに気がつきましたか？

[that] the contents of this book **remain** the exclusive property
and **may not be copied** without prior consent from Alpha
Publications

　等位接続詞（and/or/but など）は、文法的に同等なもの
（語と語／句と句／節と節）をつなぎます。

語と語

　rich **and** famous（お金持ちで有名な）

句と句

　very beautiful **and** extremely rare
　（とても美しくて極めて珍しい）
　＊「句」は、S＋V を含まない 2 語以上のかたまりのこと。

節と節

　My husband cooks **and** I wash the dishes.
　（夫は料理をし、私は皿洗いをします）
　＊「節」は、S＋V を含む 2 語以上のかたまりのこと。

　問題文では２つの動詞（remain と may not be copied）を結びつけています。等位接続詞は、英文理解を難しくする要素にもなりえます。等位接続詞が出てきたら、「何」と「何」が対等に結ばれているのかに注意するようにしましょう。

　なお、本書の第４問で取り上げている次の問題文では、等位接続詞の but が登場しています。併せて学習しましょう。

> 4. Most critics agree that Gateway's latest line of smartphones is impressive, **but** sales will be weak until they become more affordable.

　語彙問題です。語彙の問題は英文を読み、全体の意味を考えます。readers「読者」に念を押す内容が reminded に続く接続詞の that 以降に書かれています。

　その内容は「本書の内容の所有権は著者のみに帰属し、アルファ出版からの事前の～なしで複写することは禁止されている」です。この「～」部分に何を入れれば文意が通るか考えます。

　空欄前に置かれているのが形容詞の prior「事前の」で、この単語が大きなヒントになります。正解するには prior「事前の」の意味を知らなければなりません。

　著作権にかかわる内容だと推測できるので、「事前の承認」とか「事前の了解」のような意味になるのではとわかります。(C)の **consent**「承諾、同意」であれば、文意が通ります。without prior consent で「事前の承諾なしで」という意味になります。

　過去に without consent という表現を問う問題は出題されていますが、最近は使用英文が少しずつ複雑になっています。

　(A)signature「署名」、(B)involvement「関与」、(D)subscription「予約購読」では文意が通りません。

Readers are reminded / that the contents of this book /
読者は心に留めておいてください / 本書の内容は /

remain / the exclusive property of the writer /
～のままである / 著者の独占的な所有物 /

and may not be copied /
そして複写してはいけない /

without prior consent 　 / from Alpha Publications.
事前の承諾なしで / アルファ出版からの

第8問

次の選択肢の中から正しいものを選びなさい。

Many conference attendees arrived late because of a traffic jam, which was (   ) caused by people leaving town for the holiday weekend.

(炎・第47問)

(A) primarily

(B) consistently

(C) accordingly

(D) deliberately

ヒント！

Many conference attendees / arrived late / because of a traffic jam, / which was ( ) caused / by people / leaving town / for the holiday weekend.

単語の意味

attendee [ətèndíː] ·················· 出席者
late [léɪt] ···························· 遅れて、遅く
traffic jam ······················· 交通渋滞
cause [kɔ́ːz] ······················· 〜を引き起こす、〜の原因になる

答え (A) primarily

訳

主に連休で街から出かけていく人々によって引き起こされた渋滞のため、会議の参加者の多くは到着が遅れました。

構文解析

> Many conference attendees arrived late because of a traffic jam, which was primarily caused by people leaving town for the holiday weekend.

Many conference attendees | arrived | late
　　　　　　　S　　　　　　　　　　　V　　　　副

(because of a traffic jam), | which | was primarily caused
　群前置詞＋名詞　　　　　　　　　　S　　　　副　　　　V

(by people leaving town for the holiday weekend).
　前＋名　　現在分詞＋名詞　　　前＋名

うしろから
名詞 people を修飾

　SV 文型の文です。「, which」の部分は関係代名詞の「非制限用法」と呼ばれるものです。「, which」以下は a traffic jam（交通渋滞）についての情報を補足しており、「そして、それは～」という意味合いになります。「非制限用法」については、第 38 問の英文で詳しく学びます。

　ここでは「副詞」について説明します。

FOCUS-13 ──[　　　　副詞の役割　　　　]

　arrived late と was primarily caused のところに着目しましょう。late と primarily は副詞で、どちらも動詞を修飾しています。副詞の役割は幅広く、「動詞」を修飾する以外に、「形容詞」「ほかの副詞」「句」「節」「文全体」を修飾します。

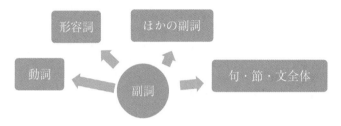

動詞を修飾

　They <u>arrived</u> **late**.
　（彼らは遅くに到着した）
　　　　　　　　　↑動詞をうしろから修飾

　The accident <u>was</u> **primarily** <u>caused</u> by the driver.
　（事故は主にその運転手によって引き起こされた）
　　　　　　　　　　　　↑受け身になっている場合は be 動詞のうしろに
　　　　　　　　　　　　置かれるのが一般的

形容詞を修飾

　Your report was **very** <u>good</u>.
　（あなたの報告書はとてもよかったです）
　　　　　　　　　↑形容詞を前から修飾

ほかの副詞を修飾

　He speaks **very** <u>fast</u>. （彼はとても早口です）
　　　　　　　↑副詞を前から修飾

句を修飾

The shop opened **only** <u>a few months ago</u>.
(その店はわずか数カ月前に開店した)

       ↑句を前から修飾

       ＊「句」は S+V を含まない 2 語以上のかたまり。

節を修飾

The discount applies **only** <u>when you pay by cash</u>.
(割引は現金でのお支払いのときにのみ適用されます)

       ↑節を前から修飾

       ＊「節」は S+V を含む 2 語以上のかたまり。

文全体を修飾

Surprisingly, <u>they lost the game</u>.
(驚くべきことに、彼らは試合に負けた)

    ↑文を前から修飾

パート 5 の問題文では、「副詞＋過去分詞＋名詞」の形で、過去分詞を修飾する副詞が出てくることがあります。

過去分詞を前から修飾する副詞

the **newly** proposed employment contract
      副詞 過去分詞   名詞   （新たに提案された雇用契約）

newly hired staff members（新入社員）
副詞 過去分詞 名詞   ＊直訳は「新たに雇われた社員」

                             本書の第 9 問より抜粋

この場合の過去分詞は、形容詞と同じように前から名詞を修飾しています。一見難解に見えますが、過去分詞は形容詞と同等の役割を果たしていると考えましょう。そして、副詞は「形容詞」だけでなく「分詞」も修飾できるのです。

　本書で取り上げた 50 問には含まれていませんが、『炎の千本ノック！』では副詞の修飾の仕方が学べる英文が登場しています。併せて学習しましょう。

・「副詞」が「形容詞」を修飾する

　The latest feature of the Zenith Q-8 smartphone is its **very durable** and high-resolution screen. （炎・第 11 問）
（スマートフォンのゼニス Q-8 の最新機能は、非常に丈夫で高画質な画面です）

・「副詞」が「副詞」を修飾する

　If you would rather not drive to Halton to attend the seminar, there will be another one held next month **right here** in Oxford. （炎・第 4 問）
（セミナーに出席するのにハルトンまで運転したくないのであれば、来月ちょうどここオックスフォードで開催されるのがあります）

・「副詞」が「副詞句」を修飾する

　The restaurant opened **only a few months ago**, yet most people who have eaten there agree that it is one of the best dining spots in town. （炎・第 14 問）
（そのレストランはわずか数カ月前にオープンしたばかりですが、そこで食事をした人のほとんどが、ディナーをするには町一番の店のひとつだと口をそろえて言っています）

＊全て、下線が副詞によって修飾されている語句。

適切な意味の副詞を選ぶ問題です。

選択肢にはさまざまな副詞が並んでいるので、適切な意味の副詞を選ぶ問題だとわかります。英文の意味を考えて文意に合う副詞を選ばなければならないので、語彙問題に似ています。

「連休（祝日と週末が続く日程）で街から出る人々によって〜引き起こされた渋滞のため、会議の参加者の多くは到着が遅れた」という英文で、「〜」部分に入れて文意が通る副詞は何かを考えます。

(A)の primarily「主に、主として」であれば、文意が通ります。primarily と似た意味の副詞の mainly「主に、主として」も出題されます。primarily because 〜や mainly because 〜という表現を使っての出題もあります。

(B)consistently「一貫して、常に」、(C)accordingly「それに応じて、それに沿って」、(D)deliberately「意図的に、故意に」では文意が通りません。

Many conference attendees / arrived late /
多くの会議参加者は　　　　 / 遅れて到着しました /

because of a traffic jam, / which was primarily caused /
渋滞のために　 / （そして）それは主に引き起こされました /

by people / leaving town / for the holiday weekend.
人々によって / 街を離れる / 連休の週末中に

第9問

次の選択肢の中から正しいものを選びなさい。

Every spring, Strogham Corporation hosts a three-day (　) at its corporate headquarters for all newly hired staff members.

(炎·第100問)

(A) orientations

(B) orientational

(C) orientation

(D) orientationally

ヒント！

Every spring, / Strogham Corporation hosts a three-day (　) / at its corporate headquarters / for all newly hired staff members.

単 語 の 意 味

host [hóust] ·······················～を主催する
headquarters [hédkwɔ̀ːrtərz]··· 本社、本部
newly hired staff member··· 新入社員

答え (C) orientation

難易度… ★★☆☆☆

訳

毎春、ストローガム社では新入社員全員に向けた3日間のオリエンテーションを本社で開催しています。

構文解析

> Every spring, Strogham Corporation hosts a three-day orientation at its corporate headquarters for all newly hired staff members.

(Every spring,)
　　形＋名

|Strogham Corporation|hosts|a three-day orientation|
　　　　S　　　　　　　V　　　　　O (心)

↓ its = Strogham Corporation's

(at its corporate headquarters
　　　　前＋名

副詞 newly が　　　過去分詞 hired が
過去分詞を修飾　　　名詞を修飾

for all newly hired staff members).
　　　前＋名

　「前＋名」の修飾語句が後半に2つ続き、文が長くなっています。文の中で一番大事なのは、Strogham Corporation hosts a three-day orientation の部分で、SVO 文型の文です。
　ここでは「時制」について説明します。

FOCUS-14 ──[時 制]

hosts a three-day orientation のところで使われている hosts に着目しましょう。英語は動詞の形を変化させることで、行われる動作や状態がいつのことなのか（＝時制）を表現します。時制は大きく「現在」と「過去」に分けられます。「未来」を表す場合は、動詞の語形自体を変化させるのではなく、助動詞 will を付け加えます。

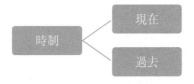

《一般動詞の場合》

現在形

The company **hosts** a party annually.
（その会社は年に一度パーティーを主催する）

　主語が「三人称・単数」の場合は語尾に -(e)s をつけ、主語が一人称や二人称、「三人称・複数」の場合は原形のまま使います。上の例文のように、習慣的に行われる行為は現在形で表します。問題文でも文頭で every spring（毎春）とあり、習慣的に行われていることが伺えます。

過去形

The company **hosted** its annual party.
（その会社は年に一度のパーティーを主催した）

　語尾に -(e)d をつけます。eat（食べる）→ ate（食べた）のように不規則変化する動詞もあります。

未来を表す表現

The company **will host** its annual party on March 4.
（その会社は3月4日に年に一度のパーティーを主催します）

　「助動詞 will +動詞の原形」の形を取ります。前から決まっている予定を表す場合、「*be* going to +動詞の原形」も使われます。

《be 動詞の場合》
現在形 (am/is/are)

I **am** an accountant.
(私は会計士です) 主語が「一人称・単数」の場合は am。

She **is** my boss.
(彼女は私の上司です) 主語が「三人称・単数」の場合は is。

We **are** rivals.
(私たちはライバルです)

You **are** my best friend.
(あなたは私の親友です)

They **are** loyal customers.
(彼らはお得意様です)

主語が一人称・複数 (we) や二人称 (you)、「三人称・複数 (they)」のときは are。

過去形 (was/were)

I **was** a member of the team.
(私はそのチームの一員でした)

She **was** my colleague.
(彼女は元同僚でした)

The company **was** founded in 2010.
(その会社は 2010 年に設立された)

主語が一人称・単数 (I) や「三人称・単数 (he/she/it)」のときは was。会社も三人称・単数扱いになることに注意しましょう。

They **were** my coworkers.
(彼らは以前同僚でした)

You **were** right.
(あなたが正しかった)

They **were** always my favorite books.
(それらはいつも私のお気に入りの本でした)

主語が一人称・複数 (we) や二人称 (you)、三人称・複数 (they) のときは were。

未来を表す表現

You **will be** a good lawyer.
（あなたは良い弁護士になるでしょう）

He **will be** back.
（彼は戻ってくるだろう）

主語が何人称であっても、《助動詞 will + 原形 be》の形をとります。

時制に応じた be 動詞の変化

人称	主語	現在形	過去形
一人称	I（私は）	am	was
	we（私たちは）	are	were
二人称	you（あなた［あなたがた］は）	are	were
三人称	he（彼は）	is	was
	she（彼女は）		
	it（それは）		
	they（彼ら［彼女ら、それら］は）	are	were

名詞の問題です。選択肢の形が似ているので、品詞の問題かもしれない、と考えましょう。品詞の問題の場合、空欄前後が重要になります。

空欄少し前の hosts は他動詞なので、後ろに目的語が続きます。目的語である a three-day (　) 部分は名詞句になるはずです。

空欄直前は three-day です。このように - (ハイフン) で結ばれている語は形容詞の働きをします。したがって、空欄には**形容詞が修飾する名詞が入るはずです**。

選択肢の中で名詞は (A) の orientations と (C) の orientation です。three-day の前に冠詞の a があるので、空欄には単数名詞を入れなければなりません。正解は (C) の **orientation** です。

TOEIC テストは時間に追われて解かなければならないテストなので、うっかり (A) の orientations を選んでしまう人が少なくありません。いわゆるトリック問題です。

Every spring, /
毎春 /

Strogham Corporation hosts a three-day orientation /
ストローガム社は 3 日間のオリエンテーションを開催します /

at its corporate headquarters /
本社で /

for all newly hired staff members.
新入社員全員に向けて

第10問

次の選択肢の中から正しいものを選びなさい。

Diamond Fashions has (　　) its retail chain from California to New York and is looking to move into the European market next year.

(炎・第41問)

- (A) eliminated
- (B) designated
- (C) expanded
- (D) solidified

ヒント！

Diamond Fashions has (　) / its retail chain / from California / to New York / and is looking / to move into the European market / next year.

単 語 の 意 味

retail chain ································小売店チェーン
be looking to ～ ·······················～しようと努める、～する予定だ

訳

ダイアモンド・ファッションズでは小売りチェーンをカリフォルニアからニューヨークへ拡大し、来年にはヨーロッパ市場への参入を考えています。

構文解析

> Diamond Fashions has expanded its retail chain from California to New York and is looking to move into the European market next year.

↓ its = Diamond Fashions'

Diamond Fashions	has expanded	its retail chain
S	V	O (名)

(from California　to New York)
　前+名　　　　前+名

and
接続詞

is looking	to move into the European market	(next year).
V	O (不定詞)	形+名

　SVO（名）と （S) VO（不定詞）文型が and でつながっている文です。等位接続詞 and が、has expanded と is looking という2つの動詞を対等な関係でつないでいます。

　ここでは「現在完了形」について説明します。

FOCUS-15 ——[過去形と現在完了形の違い]

「現在完了形」は日本語訳を見るだけだと「過去形」に似ていると思いがちですが、「現在」が基準となっている点が大きく違います。

現在完了形は《have［has］＋過去分詞》の形をとり、「現在」を基準とした①完了・結果、②継続、③経験を表します。

---

①完了「～したところだ」・結果「～してしまった」

We **have** just **finished** the meeting. ［完了］
（われわれはちょうどミーティングを終えたところだ）
→「完了」を表す場合、just（ちょうど）などの副詞を一緒に使うことが多いです。

I **have lost** my dictionary. ［結果］
（私は辞書をなくしてしまったのです）
→現在完了形を使うと、「辞書をなくしてしまって、今も見つかっていない」というニュアンスになります。I lost my dictionary.（辞書をなくしました）と過去形を使うと、過去の一時点でのことを表すだけになってしまい、現在との接点はありません。

過去形	現在完了形
I **lost** my dictionary.	I **have lost** my dictionary.

「現在」とは
切り離された過去を
表す

「過去」の行いが
「現在」に影響を
与えている

過去 ＞ 現在 ＞ 未来

②継続「(ずっと) 〜している」

I **have lived** in Singapore <u>since</u> 2015.
(私は 2015 年からシンガポールに住んでいます)

I **have lived** in Singapore <u>for</u> five years.
(私は 5 年間シンガポールに住んでいます)

→「時の起点」を表す前置詞 since (〜以来) や、「期間」を表す for (〜の間) が一緒に使われることが多いです。なお、since には「接続詞」としての役割もあり、この場合はうしろに「主語＋動詞」がきます。

I **have lived** in Singapore <u>since</u> I was 17 years old.
(私は 17 歳のときからシンガポールに住んでいます)

③経験「〜したことがある」

I **have been** to Singapore <u>once</u>.
(私はシンガポールには一度行ったことがある)

I **have never been** to Dubai.
(私は一度もドバイに行ったことがない)

→「経験」を表す場合、once (一度) や never (一度も〜ない) などの副詞を一緒に使うことが多いです。

なお、have been to ...は「〜へ行ったことがある」という「経験」を表しますが、have gone to ...になると「〜へ行ってしまった (＝もうここにはいない)」という「結果」の意味になります。

　また、本書で取り上げた 50 問には含まれていませんが、『炎の千本ノック！』では完了形が含まれる英文が複数登場しています。併せて学習しましょう。

As a result of the extremely high temperatures this summer, some of the towns and cities in the region **have implemented** water restrictions. （炎・第 136 問）
(今夏の極端な高温のせいで、その地域の市町村のいくつかで給水制限を実施しました)

Now that the busiest season **has passed**, the staff at Walter Michaels Accounting Firm can take some well-deserved holidays.

(炎・第 137 問)

(繁忙期も終わったので、ウォルター・マイケルズ会計事務所の職員は、しかるべき休暇を取ることができます)

Tillman Construction is eager to expand operations, so it **has been working** closely with Alpha Recruiting Agency to help hire new workers.

(炎・第 138 問)

(ティルマン建設は事業拡大に意欲的で、新規従業員の雇用に向け、人材紹介会社アルファ社と緊密に仕事をしています)

ASN's television ratings, which averaged 15% last year, are the highest they **have been** since the Internet first became popular.

(炎・第 141 問)

(昨年の平均が 15 パーセントに達した ASN のテレビ視聴率は、インターネットが初めて普及して以来、最高の数字となりました)

適切な意味の動詞を選ぶ問題です。

適切な意味の動詞を選ぶ問題は語彙問題と同じで、英文を読んで、全体の意味を考えなければなりません。

この問題の場合、接続詞 and の前まで、Diamond Fashions has (　) its retail chain from California to New York の部分を読めば正解がわかります。特にヒントになるのは from California to New York の部分です。「小売りチェーンをカリフォルニアからニューヨークへ〜」なので、「〜」部分には **expand「〜を拡大する」**の過去分詞形である(C)の **expanded** を入れればいいのではと推測できます。

expand はビジネス関連の英文で頻繁に使われるせいか、TOEIC テストにも時々出題されます。

eliminate「〜を取り除く、削除する」、designate「〜を指名する、指定する」、solidify「〜を強固にする、固める」の過去分詞形である(A)eliminated、(B)designated、(D)solidified では文意が通りません。

Diamond Fashions has expanded / its retail chain /
ダイアモンド・ファッションズは拡大してきました / その小売りチェーンを /

from California / to New York / and is looking /
カリフォルニアから / ニューヨークへと / そして(〜する)予定です /

to move into the European market / next year.
ヨーロッパ市場に参入する / 来年には

第11問

次の選択肢の中から正しいものを選びなさい。

(　　) October 15, employees must notify their immediate supervisor when taking laptops or other devices from the premises.

(炎・第45問)

(A)　With

(B)　As of

(C)　Toward

(D)　As for

ヒント！

(　) October 15, / employees must notify their immediate supervisor / when taking laptops or other devices / from the premises.

単語の意味

employee [ɪmplɔ́ːiː]················ 従業員、会社員
notify [nóutəfàɪ]························ 〜に知らせる、通知する
immediate supervisor········ 直属の上司
device [dɪváɪs]·························· 機器
premises [prémɪsɪz]················ (複数形で) 施設、建物、敷地

訳

10月15日以降、ノートパソコンやその他の機器を施設から持ち出すときには、従業員は直属の上司に報告する必要があります。

構文解析

> As of October 15, employees must notify their immediate supervisor when taking laptops or other devices from the premises.

(As of October 15),
　　前＋名

主節

employees	must notify	their immediate supervisor
S	V	O（名）

when が導く従属節

[when *taking laptops or other devices (from the premises)].
　接　　V'　O'（名）接　　O'（名）　　前＋名
　　↑*の箇所には「主語＋be動詞」が省略されている

　SVO文型の文です。接続詞 when が導く「従属節」は「主節」を修飾しています。

　ここでは「助動詞」と「主語＋be動詞の省略」について説明します。

FOCUS-16 ── [　　　　　助 動 詞 の 役 割　　　　　]

　must notify の箇所に着目しましょう。must は「義務」や「必要性」を表す助動詞で、「〜しなければならない」という意味をもちます。助動詞は《助動詞＋動詞の原形》の形をとり、動詞とセットで使います。

　なお、must は否定で使うときは must not *do* となり、「〜してはいけない」という「強い禁止」になることにも注意しておきましょう。

ほかにおさえておきたい助動詞

・will「〜でしょう」「〜するつもりだ」

　She **will** be the next CEO.
　　（彼女が次の最高経営責任者になるでしょう）

　I **will** send you an email.
　　（あなたにEメールをお送りします）

・may「〜かもしれない」

　That **may** be true.
　　（それは本当かもしれない）

・can「〜できる」

　You **can** do that.
　　（あなたならできるよ）

　＊may と can には、You **may**［**can**］work from home.（在宅勤務してよいです）のように、「〜してよい」という意味もあります。

・should「〜すべきだ」「〜のはずだ」「〜したほうがいい」

　I **should** be more careful.
　　（私はもっと慎重にならないと）

　It **should** be fine.
　　（それで大丈夫なはずですよ）

　I think you **should** quit smoking.
　　（たばこをやめたほうがよいと思いますよ）

注意すべきは、「助動詞」と「動詞の原形」の間に副詞などの修飾語が組み込まれる場合です。You **can** definitely do that.（あなたなら当然できるよ）のように、修飾語が間に入っても、助動詞のうしろにくる動詞は「原形」を使うことを忘れないようにしましょう。

FOCUS-17 ──── 接続詞のうしろの「主語＋be 動詞」の省略

when taking laptops のところを見て、主語はどこに行ったのか疑問に思う方もいたはずです。when と taking の間には employees are が省略されていると見なすことができます。

Employees must notify their immediate supervisor when (employees are) taking laptops or other devices from the premises.

接続詞 when は「〜するとき」という意味で、「時」を表す接続詞です。「従属接続詞」とも呼ばれ、「主節」と「従属節」を結びつける働きをしています。

when のような「時」を表す接続詞が導く従属節に含まれる「主語＋be 動詞」は、主節の主語と重複するときは省略することができます。

主節

Employees must notify their immediate supervisor

従属節

when (employees are) taking laptops or other devices from the premises.

主語が重複する場合は、「主語＋be 動詞」は省略可能

　本書で取り上げている第34問でも、接続詞のうしろの「主語＋be動詞」の省略が登場します。併せて学習しましょう。

---

34. In an effort to reduce spending, the company considered it necessary to suspend all overseas travel **unless permitted** by board members.

　また、本書で取り上げた50問には含まれていませんが、『炎の千本ノック！』では、同様のルールを学べる英文が登場しています。

The internet service provider has a solid reputation for offering a high level of security **while ensuring** very fast data transfer speeds.　　　　　　　　　　（炎・第28問）
（そのインターネットサービスプロバイダーは、非常に高速なデータ通信速度を確保しつつも高度なセキュリティーを提供するという定評があります）

イディオムの問題です。

選択肢にはイディオムと前置詞が並んでいます。英文全体の意味を考えて、正解を選ばなければなりません。

コンマ以降で、employees must notify their immediate supervisor「従業員は直属の上司に報告する必要がある」と言っています。

( ) October 15 をこの文の前に置き、意味がつながるようにするには、(B)の **As of「〜以降」** しかありません。as of 〜は「〜以降」以外にも「〜現在で」という意味もあり、この意味の as of は会計レポートなどでよく使われます。

(D)の As for は「〜に関する限り」という意味のイディオムなので、文意に合いません。前置詞である(A)の With「〜と一緒に、〜が原因で」や(C)の Toward「〜の方へ、〜に向かって」も不適切です。

As of October 15, /
10月15日以降 /

employees must notify their immediate supervisor /
従業員は直属の上司に報告する必要があります /

when taking laptops or other devices / from the premises.
ノートパソコンやその他の機器を持ち出すときに / 施設から

第12問

次の選択肢の中から正しいものを選びなさい。

Regus Jewelers offers inspection and cleaning of watches to ensure its customers' timepieces are ( ) maintained.

(炎・第73問)

(A) well
(B) likely
(C) probably
(D) fast

ヒント！

Regus Jewelers offers / inspection and cleaning / of watches / to ensure / its customers' timepieces / are ( ) maintained.

単語の意味

offer [ɔ́ːfər] ················· 〜を提供する
inspection [inspékʃən] ············ 点検、検査
ensure [inʃúər] ···················· 〜を確実にする、保証する
customer [kʌ́stəmər] ··············· 顧客、得意先
timepiece [táimpíːs] ·············· 時計
maintain [meintéin] ·············· 〜を維持する、保存する、整備する

訳

リージャス・ジュエラーズでは、お客様の時計が良い状態で維持されるように腕時計の点検と掃除を行っています。

構文解析

> Regus Jewelers offers inspection and cleaning of watches to ensure its customers' timepieces are well maintained.

直前の名詞 2 つをうしろから修飾

Regus Jewelers | offers | inspection and cleaning | (of watches)
S | V | O (名) | 前＋名

↓接続詞 that が省略されている　　副詞は動詞を修飾

(to ensure [* its customers' timepieces | are (well) maintained]).
不定詞の副詞用法（目的）　　　　S'　　　　　　　　副　　V'

↑ its = Regus Jewelers'

　SVO 文型の文です。of watches が inspection と cleaning の両方を修飾していることに注意しましょう。他動詞 ensure のうしろには接続詞の that が省略されています。that 節の中は SV 文型になっています。

　ここでは「受動態」について説明します。

FOCUS-18 ──[　　　　　受動態　　　　　]

　「SはVする」というように、Sが動作主として何かをする文は「能動態」と呼ばれます。対して、「SはVされる」というようにSが動作を受ける側になる文が「受動態」と呼ばれるものです。

　能動態を受動態の文に変化させるには、能動態の文の「目的語」を受動態の文の主語にします。さらに動詞を「be動詞＋過去分詞」の形に変えます。

[They][financed][the project]. （彼らはそのプロジェクトに融資した）
　S　　　V　　　　　O

[The project][was financed]（by them）.
　S　　　　　　　V　　　　前＋名　（そのプロジェクトは融資された）

　目的語 the project を主語にし、動詞を《be動詞＋過去分詞》の形にすることで、「そのプロジェクトは融資された」という意味になります。

　最後の by them「彼らによって」の部分は、「彼ら」が漠然としているので、普通省略します。ただし、人名など特定できるものは省略できません。

　なお、問題文で受動態になっている部分 its customers' timepieces **are well maintained** に着目すると、副詞 well（十分に）が are と maintained の間に挟まれていることがわかります。副詞の置かれる場所は柔軟性がありますが、受動態の文では通常《be動詞＋副詞＋過去分詞》の語順になります。

適切な意味の副詞を選ぶ問題です。

選択肢にはさまざまな副詞が並んでいるので、適切な意味の副詞を選ぶ問題だとわかります。英文の意味を考えて文意に合う副詞を選ばなければならないので、語彙問題に似ています。

この英文の意味を考える際には、動詞 ensure の後ろに接続詞の that が省略されていることに気付く必要があります。

「リージャス・ジュエラーズでは、お客様の時計が〜維持されるよう腕時計の点検と掃除を行っている」という英文で、「〜」部分に入れて文意が通る副詞は何かを考えます。

(A)の well「よく、十分に」であれば、文意が通ります。

このような問題では、well の意味を知っているだけでは解けず、空欄前後の are maintained とつなげて使えるのはどれかという観点が必要になります。

高得点を取りたければ、単語を覚える際は、最低でも例文（理想は長文）の中でそれぞれの単語の使われ方のニュアンスを覚える必要があります。語感を鍛えましょう。

(B)likely「ありそうな、〜しそうな」、(C)probably「おそらく、多分」、(D)fast「速く」では文意が通りません。

スラッシュリーディング

Regus Jewelers offers / inspection and cleaning /
リージャス・ジュエラーズは提供しています / 点検と掃除を /

of watches / to ensure / its customers' timepieces /
時計の /（〜を）確実にするために / 顧客の時計が /

are well maintained.
良い状態で維持されることを

第13問

次の選択肢の中から正しいものを選びなさい。

Although we won't have an accurate figure until the final orders have been processed, sales are expected to be up by (   ) 18% year-on-year.

(A) approximately

(B) substantially

(C) entirely

(D) recently

ヒント！

Although we won't have an accurate figure / until the final orders have been processed, / sales are expected / to be up / by (   ) 18% / year-on-year.

単語の意味

although [ɔːlðóu]····················（～である）けれども、～にもかかわらず
accurate [ǽkjərət]···················正確な
figure [fígjər]························数字、数量、総計
process [práses]·····················～を処理する、詳細に検討する
be expected to ～···············～と期待される、～するはずだ
year-on-year·······················前年比で

答え　(A) approximately

訳

最終注文の処理をするまで正確な数字は得られませんが、前年比約 18 パーセント増の売上高が予想されます。

構文解析

> Although we won't have an accurate figure until the final orders have been processed, sales are expected to be up by approximately 18% year-on-year.

従属節

[Although | we | won't have | an accurate figure |
　接続詞　　S'　　V'　　　　O'（名）

until | the final orders | have been processed, |]
接続詞　　S'　　　　　　V'

主節

sales | are expected | to be up | (by approximately 18%
S　　　V　　　　　　C（不定詞）　前＋副＋数値

year-on-year).
　　副

　SVC 文型の文です。be expected to *do*（～することが予想される）は、能動態の expect O to *do*（O が～することを予想する）が受動態になった形です。能動態のときに目的語（O）であった sales の部分が受動態では主語（S）になっています。

We | expect | sales | to be up.
S　　V　　 O　　C（不定詞）

（われわれは売り上げが上昇することを予想する）

Sales | are expected | to be up | (by us).
S　　　　V　　　　C（不定詞）前＋代名

（売り上げが上昇することが予想される）

　ここでは「受動態の完了時制」について説明します。

FOCUS-19 ──[受動態の完了時制]

　until the final orders **have been processed** の have been processed の部分に着目しましょう。受動態、かつ現在完了形になっています。

　受動態の基本の形は《**be 動詞＋過去分詞**》です。そして、完了形は《**have [has] ＋過去分詞**》の形を取ります。これらを組み合わせると、受動態の完了形は《**have [has] been ＋過去分詞**》になります。

↓この重なる部分に注目！

《be 動詞＋**過去分詞**》
《**have [has]** ＋**過去分詞**》

↑ be 動詞が過去分詞 been になる

　単なる過去形の受動態と完了形の受動態では、意味合いが異なります。比較のため、過去形と完了形（現在完了／過去完了／未来完了）の受動態の例を取り上げます。

過去形の受動態

《was [were] ＋過去分詞》

The building **was built** two years ago.
（その建物は2年前に建てられた）

（過去のある時点）

two years ago

過去	現在	未来

↑過去のある時点（＝ two years ago）に起きた出来事を指す。「現在」とは切り離されている点が現在完了形とは違う。

現在完了形の受動態

《have [has] been ＋過去分詞》

The building **has** just **been built**.
（その建物はちょうど建てられたところだ）

（現在と接点のある副詞）

just

過去	現在	未来

↑ just（ちょうど）という副詞があることから、「ちょうど〜したところだ」という意味になる。現在完了形の《完了》用法であり、「現在」との接点がある文である。

過去完了形の受動態
《had been + 過去分詞》

　The building **had** already **been built** when I moved to this town.
（私がこの町に引っ越してきたときには、その建物はすでに建てられていました）

（過去のある時点）

when I moved to this town

↑過去のある時点（= when I moved to this town）までに、あることが完了していることを表す。

未来完了形の受動態
《will have been + 過去分詞》

　The building **will have been built** by next year.
（その建物は来年までには建てられているだろう）

（未来のある時点）

by next year

↑未来のある時点（= by next year）までに、あることが完了していることを表す。

問題文の中では、もう一歩踏み込んで、未来完了の内容を現在完了形で表しています。

　少し難しいポイントになりますが、問題文の Although we won't have an accurate figure until the final orders **have been processed** の箇所では、現在完了形の受動態（have been＋過去分詞）が使われています。

　なぜ we won't <u>have</u> という未来の表現に続く until 節で、未来完了形ではなく現在完了形が使われているのか疑問に思った方もいるでしょう。これは「接続詞 until が導く節の中では、未来のことも現在形で表す」、というルールがあるからです。

接続詞 until が導く節の中では、未来のことも現在形で表す

We will wait here **until** you come back.
（あなたが戻るまでわれわれはここで待ちます）

・主節の動詞は will wait と未来の表現になっているのに対して、until が導く節の中は現在形の come が使われる。

　本書で取り上げている次の問題文（第 1/16/28/36/45 問）も、「時」や「条件」を表す接続詞が導く副詞節の中では、未来のことも現在形で表すというルールが学べる英文です。併せて学習しましょう。

---

1. **While** Donna Gibson **is** away on a business trip next week, Dongmei Xi has authority to approve all requests related to the project.

　　　　　　　　＊ while「〜する間」は「時」を表す接続詞。

16. **Once** renovations to meet the latest earthquake building codes **have been completed**, the company guarantees structures will be much sturdier.

　　　　　　　　＊ once「いったん〜すると」は「条件」を表す接続詞。

28. **As soon as** the budget **has been approved**, the processing plant will replace the current conveyor belt system with a more efficient one.

＊ as soon as「～するとすぐに」は、「時」を表す接続詞と同様に用いられる表現。

36. **Once** an application **is received**, it is thoroughly reviewed and candidates are contacted so that an interview can be scheduled.

45. **If** at least 20 people **do not sign** up for the training session, it will be postponed until a date when more people can participate.

＊ if「もし～ならば」は「条件」を表す接続詞

適切な意味の副詞を選ぶ問題です。

選択肢にはさまざまな副詞が並んでいるので、適切な意味の副詞を選ぶ問題だとわかります。英文の意味を考えて文意に合う副詞を選ばなければならないので、語彙問題に似ています。

「最終注文を処理するまで正確な数字は得られませんが、前年比〜 18 パーセント増の売上高が予想される」という英文で、「〜」部分に入れて文意が通る副詞は何かを考えます。

（A）の **approximately**「およそ、約」であれば、文意が通ります。approximately と同じ意味の副詞の roughly「およそ、約」も出題されます。

approximately、roughly ともに、品詞問題としても、適切な意味の副詞を問う問題としても出題されます。

（B）substantially「大幅に、大いに」、（C）entirely「全く、全体に」、（D）recently「最近、近ごろ」では文意が通りません。

Although we won't have an accurate figure /
正確な数字は得られませんが /

until the final orders have been processed, /
最終注文が処理されるまでは /

sales are expected / to be up / by approximately 18% /
売り上げが予想されます / 上昇することが / 約 18%の差で /

year-on-year.
前年比で

第14問

次の選択肢の中から正しいものを選びなさい。

If online retailers want to succeed in the current environment, it is necessary to provide timely ( ) to any questions or concerns customers may have.

(炎・第59問)

(A) responders

(B) responsive

(C) responds

(D) responses

ヒント！

If online retailers want to succeed / in the current environment, / it is necessary / to provide timely ( ) / to any questions or concerns / customers may have.

単 語 の 意 味

retailer [rí:tèilər] ······················ 小売業者
succeed [səksí:d] ····················· 成功する
current [kə́:rənt] ······················ 現在の、今の
environment [ɪnváɪərnmənt] ···· 環境
provide [prəváɪd] ····················· ～を提供する、与える
timely [táimli] ·························· 時宜を得た、タイムリーな
concern [kənsə́:rn] ················· 懸念、心配

難易度… ★★★☆☆

訳

オンライン小売業者が現在の環境で成功したければ、顧客の持つ疑問や懸念にタイミングよく応答する必要があります。

構文解析

If online retailers want to succeed in the current environment, it is necessary to provide timely responses to any questions or concerns customers may have.

従属節

[If online retailers want to succeed (in the current
接   S'   V'   O'（不定詞）   前｜形｜名

主節
environment),] it is necessary to provide timely responses
              S V   C（形）   真の主語
              ↑形式主語

　　　　　　　　　　　　　　　↓関係代名詞の目的格 that の省略
(to any questions or concerns [* customers may have]).
前＋形＋名＋接＋名   S'   V'

　SVC 文型の文です。S（主語）には「形式主語 it」が使われており、真の主語にあたるのは to provide timely responses のところです。

　ここでは「不定詞の名詞用法」と「形式主語 it」について説明します。

FOCUS-20 ——[不定詞の名詞用法]

to succeed の箇所に注目しましょう。《to＋動詞の原形》の形で「成功すること」という意味になり、名詞的なかたまりとして機能しています。

《to＋動詞の原形》の形をとる不定詞には、次の3つの用法があります。

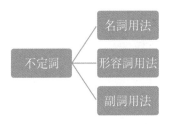

名詞用法では、不定詞が導く句（= SV を含まない2語以上のかたまり）は「名詞句」となります。名詞句とは、文の中で名詞と同等の役割をする句のことです。問題文の want to succeed in the current environment の箇所は、次の構造になっています。

他動詞　　　　　　　名詞句

want to succeed in the current environment
〜を欲する　　　現在の環境で成功すること

直訳　現在の環境で成功することを欲する
↓
意訳　現在の環境で成功したい

it is necessary to provide timely responses のところに出て
きた it に注目しましょう。この it は「それ」という意味で
はありません。「形式主語の it」として、うしろに続く to
provide timely responses（タイミングのよい応答を提供する
こと）のことを指しているのです。

it is necessary to provide timely responses
形式主語　　　　　　　　真の主語

形式主語 it が使われるのは、S（主語）が長くなるのを避
けるためです。仮に次のような文があったら、どうでしょう
か？

To provide timely responses is necessary.
　　　　S　　　　　　　　　V　　C

S が長く、頭でっかちな文になってしまいますね。それを
避けるために、次のように it を文頭において形式的な主語に
するのです。

It is necessary to provide timely responses.
S V　C　　　　　　　　真の主語
↑
形式主語

形式主語 it がうけるのは不定詞ばかりではありません。
that 節もうけることがあります。

It is necessary that we (should) provide timely responses.
（われわれはタイミングのよい応答をする必要があります）

　本書で取り上げた 50 問には含まれていませんが、『炎の千本ノック！』では、「形式主語 it」が含まれる英文が多数登場しています。併せて学習しましょう。

Due to a dramatic decline in the amount of donations received this year, **it** might be difficult to fully staff the exhibition.
（炎・第 16 問）

（今年は寄せられた寄付額が激減したため、展示会に十分な人員を配置するのは難しいかもしれません）

Even if production is completed by the deadline, **it** will be difficult to ship merchandise to retailers before the holiday shopping season begins.
（炎・第 29 問）

（締め切りまでに生産が完了するとしても、クリスマス商戦が始まる前に小売店に商品を発送するのは難しいでしょう）

In order to negotiate the best price in any business transaction, **it** is important to first get to know your counterparts on a personal level.
（炎・第 98 問）

（商取引において最適価格で取引するには、まず最初に相手と個人的に親しくなることが重要です）

Before an issue is put to vote at the meeting, **it** is essential to ensure that all participants understand the company's long-term objective.
（炎・第 106 問）

（会議で問題を議決する前に、全ての参加者が会社の長期的な目標を理解しているかを確認することが不可欠です）

＊　　　　は「真の主語」となる部分。

名詞の問題です。

選択肢の形が似ているので、品詞の問題かもしれない、と考えましょう。品詞の問題の場合、空欄前後が重要になります。

空欄前の provide は他動詞なので、後ろに目的語が続きます。目的語は名詞か名詞句なので、目的語である timely ( ) 部分は名詞句になるはずです。

空欄直前は timely です。-ly で終わる単語は副詞が多いですが、timely は「時宜を得た、タイムリーな」という意味の形容詞です。したがって、**空欄には形容詞が修飾する名詞が入る**はずです。

選択肢の中で名詞は(A)の responders「応答する物〔人〕、返答する物〔人〕」と(D)の responses「応答、返答」です。文意が通るのは(D)の responses です。

-ly で終わる単語は副詞が多いですが、timely や friendly のように形容詞もあります。timely が副詞だと勘違いすると正解が選べません。

スラッシュリーディング

If online retailers want to succeed / in the current environment, /
オンライン小売業者が成功したければ / 現在の環境で /

it is necessary / to provide timely responses /
必要があります / タイミングよい応答を提供すること /

to any questions or concerns /
いかなる疑問や懸念に対しても /

customers may have.
顧客が持つであろう

第15問

次の選択肢の中から正しいものを選びなさい。

The main responsibility for workers in quality control is to check all products for any (　　) flaws before items are packaged.

(炎・第66問)

- (A) acceptable
- (B) durable
- (C) possible
- (D) defined

ヒント！

The main responsibility / for workers / in quality control / is to check all products / for any (　　) flaws / before items are packaged.

単 語 の 意 味

responsibility [rɪspὰːnsəbíləti] … 責務、職責
quality control ……………………… 品質管理
product [prάːdəkt] ………………… 製品、生産物
flaw [flɔ́ː] ……………………………… 欠陥, 不具合
item [áitəm] ………………………… 商品
package [pǽkɪdʒ] ………………… 〜を梱包する、包装する

訳

品質管理で働く人の主な任務は、全ての製品に何か考えられる欠陥がないか商品が梱包される前にチェックすることです。

構文解析

> The main responsibility for workers in quality control is to check all products for any possible flaws before items are packaged.

主節

修飾　　　　修飾

The main responsibility (for workers in quality control)

S　　　　　　　　前＋名　　前＋名

動詞 check を修飾

is | to check all products | (for any possible flaws)

V　C（不定詞の名詞用法）　　前＋形＋形＋名

従属節

[before items are packaged].

接続詞　S'　　　V'

　SVC 文型の文です。C（補語）に不定詞の名詞用法がきています。「前置詞＋名詞」が複数登場し、文を複雑にしています。それぞれが何を修飾しているのか、確認しましょう。

　ここでは「不定詞の名詞的用法」について説明します。

FOCUS-22 ——[「補語」になる不定詞の名詞用法]

　問題文の to check all products（全ての製品をチェックすること）に着目しましょう。《to＋動詞の原形》の不定詞が使われています。この部分が文の中で C（補語）になっていることに気がつきましたか。

　不定詞の名詞用法は「〜すること」という意味をもち、「名詞句」として名詞と同等の働きをします。名詞が文の中で「主語」「目的語」「補語」になるのと同様に、不定詞の名詞用法も同じ役割を果たすのです。

不定詞の名詞用法

・主語になる

　To err is human.（過ちは誰にもあるもの）
　　S　　V　　C

→ To err is human, to forgive is divine.（過ちは人の常、許すは神の心）ということわざの一部です。このような格言的な表現を除き、不定詞が主語になる用法はあまり一般的ではありません。

・目的語になる

　I want to be a pharmacist.（私は薬剤師になりたい）
　S　V　　　O

→他動詞 want の目的語になっています。

・補語になる

　My dream is to be a surgeon.（私の夢は外科医になることだ）
　　S　　　V　　　C

→SVC 文型では「S ＝ C」の関係が成り立ちます。つまり、my dream ＝ to be a surgeon の関係が成り立っています。

　問題文は「前＋名」や従属節などの修飾語句をそぎ落とすと、The main responsibility is to check all products.（主な任務は全ての製品をチェックすることです）が核となる部分であるとわかります。

語彙問題です。語彙の問題は英文を読み、全体の意味を考えます。

この英文の主語は the main responsibility for workers in quality control「品質管理で働く人の主な任務」で、動詞は be 動詞の is です。主な任務が、不定詞の to check「チェックすること」以降に書かれています。

check ~ for …で「…がないか~をチェックする」という意味になるので、to check all products for any ( ) flaws 部分は「何か ( ) 欠陥がないか全ての製品をチェックすること」となります。品質管理部が梱包前にチェックすることなので、(C)の possible「考えられる、起こりうる、可能な」を入れればいいのではとわかります。

この問題では空欄直後に置かれた flaw「欠陥、不具合」が大きなヒントになります。possible の意味を知っていても、flaw の意味を知らなければ正解できません。

flaw はビジネス関連の英文でよく使われます。この問題のように、空欄直後にビジネス文書でよく使われる単語が置かれていて、その単語を知らなければ空欄に何を入れればいいかわからない、という問題が増えています。

(A)acceptable「受け入れられる」、(B)durable「耐久性がある」、(D)defined「確定した」では文意が通りません。

The main responsibility / for workers / in quality control /
主な任務は / 働く人たちにとって / 品質管理にたずさわる /

is to check all products / for any possible flaws /
全ての製品を点検することです / 何か考えられる欠陥を探して /

before items are packaged.
商品が梱包される前に

第16問

次の選択肢の中から正しいものを選びなさい。

Once renovations to meet the latest earthquake building codes have been completed, the company guarantees structures will be much ( ).

(炎・第18問)

- (A) sturdiness
- (B) sturdy
- (C) sturdier
- (D) sturdiest

ヒント！

Once renovations / to meet the latest earthquake building codes / have been completed, / the company guarantees / structures will be much ( ).

単 語 の 意 味

renovation [rènəvéiʃən]	…………	改築、修理
latest [léitist]	…………………………	最新の、最近の
earthquake [ə́:rθkwèik]	…………	地震
code [kóud]	……………………………	規約、規範
complete [kəmplíːt]	………………	〜を完了する、終了する
guarantee [gèrəntíː]	………………	〜を保証する、請け合う

答え (C) sturdier

訳

新しい耐震基準を満たすための改修工事が完了すれば、構造は格段に頑丈になるとその会社は保証しています。

構文解析

> Once renovations to meet the latest earthquake building codes have been completed, the company guarantees structures will be much sturdier.

名詞 renovations を
うしろから修飾

従属節

[Once [renovations] (to meet the latest earthquake building
接続詞　　　S'　　　　　不定詞の形容詞用法

主節

codes) [have been completed]], [the company] [guarantees]
　　　　　　V'　　　　　　　　　　S　　　　　　V

↓接続詞 that の省略

* [structures will be much sturdier].
　　　　O（that 節）

　SVO 文型の文です。O（目的語）にきているのは that 節です。接続詞 that が省略されていても、文の構造を見抜けるようにしましょう。

　ここでは「不定詞の形容詞用法」について説明します。

FOCUS-23 ──[　不定詞の形容詞用法　]

　renovations to meet the latest earthquake building codes
（最新の耐震基準を満たすための改修工事）の部分に着目し
ましょう。《to＋動詞の原形》の形が使われた不定詞です。
ここでは「形容詞用法」として、「〜するための」や「〜す
べき」などの意味をもち、うしろから直前の名詞
renovations を修飾しています。

　形容詞用法では、renovations（改修工事）のような名詞だ
けでなく、代名詞もうしろから修飾することがあります。

　　　名詞 something をうしろから修飾

I have **something** to ask you .
（あなたにちょっとお尋ねしたいことがあるのです）

　「何か」を意味する something は不定代名詞と呼ばれるも
のです。不定代名詞を修飾するときは、不定詞のときだけで
なく、形容詞1語でもうしろにおきます。

　　　名詞 something をうしろから修飾

I want **something** hot .（何か温かいものが欲しい）
　　　　　　　　　形容詞

　不定代名詞には、ほかに疑問文で使う **anything**（何か）
や否定を表す **nothing**（何も〜ない）があります。いずれも
修飾する語句はうしろにおきます。

Do you have **anything** to declare?
（何か申告するものはありますか）
There's **nothing** wrong with it.
（それには何も悪いところはありませんよ）

比較級の問題です。

空欄前は much です。**比較級を強調する場合、比較級の前に much や far や even を付ける**ので、この much は比較級の強調の much ではないかと考えます。

much が比較級を強調するのであれば、much 以下を比較級の形にすればいいとわかります。

sturdy「丈夫な、頑健な」は一音節の単語なので、比較級にするには語尾に -er を付けて sturdier とします。したがって、(C)の **sturdier** が正解です。

sturdy は少し難しめの単語ですが、最近はこのような少し難しめの単語も使われています。単語の意味がわからなくても、比較級の形になっているものがどれかを探せば正解できます。また、比較級を強調する much や far や even を問う問題も出題されますので、一緒に覚えましょう。

Once renovations /
いったん改修工事が /

to meet the latest earthquake building codes /
最新の耐震基準を満たすための /

have been completed, / the company guarantees /
完了する / その会社は保証します /

structures will be much sturdier.
構造は格段に頑丈になると

第17問

次の選択肢の中から正しいものを選びなさい。

The research and development team at RH Taylor, Inc. is working (　　) to find a new line of pharmaceutical products.

(炎・第7問)

(A) industriousness

(B) industriously

(C) industrious

(D) industry

ヒント！

The research and development team / at RH Taylor, Inc. / is working (　) / to find / a new line of pharmaceutical products.

単語の意味

research and development…研究開発
new line of 〜………………………新型の〜
pharmaceutical products……医薬品

答え (B) industriously

訳

RH テイラー社の研究開発チームは、新型の医薬品の発見に力を注いでいます。

構文解析

> The research and development team at RH Taylor, Inc. is working industriously to find a new line of pharmaceutical products.

S を修飾

The research and development team (at RH Taylor, Inc.)
　　　　　　　　　　S　　　　　　　　　　　　前置詞＋名詞

V を修飾

is working industriously
　　V　　　　副詞

V を修飾

(to find a new line of pharmaceutical products).
　　不定詞の副詞用法（〜するために）

　SV 文型の文です。to find 以下は不定詞の副詞用法で、「〜するために」という「目的」を表しています。副詞 industriously も、不定詞 to find 以下も、動詞 is working を修飾している点に注意しましょう。

　ここでは「不定詞の副詞用法」について説明します。

FOCUS-24 ── [不定詞の副詞用法]

to find a new line of pharmaceutical products（新型の医薬品を発見するために）の部分に着目しましょう。《to＋動詞の原形》の不定詞が登場しています。to find 以下は動詞 is working を修飾し、「〜するために」という意味で使われています。副詞的に使われる不定詞は「副詞用法」と呼ばれます。問題文では、「目的：〜するために」の意味で使われていますが、これは副詞用法の中でも最も頻度が高い用法です。ほかに、「感情の原因：〜して」や「結果：〜する」といった用法があります。

目的「〜するために」

I came here to study computer science.
（コンピューターサイエンスを学ぶために私はここに来た）

感情の原因「〜して」

I was shocked to see the accident.
（その事故を見て、私はショックを受けました）

結果「(Vの結果)〜する」

I woke up to find that it had snowed overnight.
（起きて、夜通し雪が降ったことに気がついた）

→ woke up（起きた）結果、find した（= that 節以下に気がついた）。

ほかに明確に「目的」を表す表現として、in order to *do* や so as to *do* があります。これらは単なる to *do* と比べるとかたい表現です。in order to *do* は TOEIC テストパート 5 でも頻出の表現です。

You need to take risks in order to succeed.
（成功するためにはリスクを取る必要がある）

They worked during the weekend so as to meet the deadline.
（締め切りに間に合わせるために、彼らは週末の間働いた）

副詞の問題です。

選択肢に似た形の単語が並んでいるので、品詞の問題かもしれないと考えます。品詞の問題の場合、空欄前後が重要になります。

空欄前は is working と動詞の進行形になっています。**動詞を修飾するのは副詞です。**副詞は(B)の industriously「勤勉に、熱心に」だけです。

進行形になっていても、受動態になっていても、完了形になっていても、動詞は動詞です。動詞を修飾するのは副詞、という原則は変わりません。

副詞は主に、動詞、形容詞、他の副詞、副詞句、節、文全体を修飾します。

品詞の問題は毎回6〜8問出題されます。中でも一番間違えやすいのが副詞の問題です。いろいろな出題パターンがあり、複雑なためです。

The research and development team / at RH Taylor, Inc. /
研究開発チームは /　　　　　　　　　テイラー社における /

is working industriously / to find /
熱心に働いています / 発見するために /

a new line of pharmaceutical products.
新型の医薬品を

第18問

次の選択肢の中から正しいものを選びなさい。

To receive reimbursement for travel (　　) incurred
at the conference held in Miami last week, submit
an expense report no later than Friday. (炎・第78問)

(A) expensive

(B) expenses

(C) expensed

(D) expensiveness

ヒント！

To receive reimbursement / for travel (　) / incurred at the
conference / held in Miami last week, / submit / an expense
report / no later than Friday.

単 語 の 意 味

reimbursement [rìːɪmbə́ːrsmənt]…払い戻し、返済
incur [ɪnkə́ːr]…………………………〜を負担する、負う
submit [səbmít]………………………〜を提出する、投稿する
expense report………………………経費報告書
no later than 〜……………………〜までに、〜より遅れることなく

答え （B）expenses

訳

先週マイアミで開催された会議でかかった旅費の払い戻しを受けるには、金曜までに経費報告書を提出してください。

構文解析

> To receive reimbursement for travel expenses incurred at the conference held in Miami last week, submit an expense report no later than Friday.

名詞を修飾　　　　　　　名詞を修飾

不定詞はVを修飾
(To receive reimbursement for travel expenses
　不定詞の副詞用法《目的》　　　前＋複合名詞

名詞を修飾

incurred at the conference held in Miami last week),
　過去分詞＋前＋名　　　過去分詞＋前＋名　形＋名

submit an expense report (no later than Friday).
　V　　O（複合名詞）　　　　　形＋副＋前＋名
↑命令文になっている　　　　　↑no later than …で
　　　　　　　　　　　　　　「～よりも遅れることなく」

　S（主語）がなく、V（動詞）で始まる命令文になっています。文頭の不定詞は、「～するために」という「目的」を表す副詞用法になっており、Vを修飾しています。

　ここでは「不定詞の副詞用法」について説明します。

FOCUS-25 ──[不定詞の副詞用法　文頭にくるケース]

　副詞用法の「目的：〜するために」を意味する場合、文の途中だけでなく、文頭におくこともできます。その場合、不定詞句の終わりに、コンマ（,）を入れます。

He listens to Western music to study English.
　　　　　　↓コンマをお忘れなく！
To study English, he listens to Western music.
（英語を勉強するために、彼は洋楽を聞きます）

　問題文でも、… last week, というようにコンマがついていますね。

　もうひとつ、文頭から始まることがある不定詞に、「独立不定詞」があります。慣用表現のように使われる不定詞で、文頭だけでなく文中、文末におかれることもあります。

To be honest, I am not sure（that）this is the best solution.
（正直に申し上げて、これが最良の解決策か確信がありません）

　独立不定詞の場合も、文頭におく場合はうしろにコンマをつけます。よく使われる独立不定詞に、次のものがあります。

・to begin with（まず第一に、はじめに）
・to be frank with you（率直に言って）
・to make matters worse（さらに悪いことには）
・to tell the truth（本当のことを言うと）

　複合名詞の問題です。選択肢の形が似ているので、品詞の問題かもしれない、と考えましょう。品詞の問題では空欄前後が重要になります。

　他動詞 receive の目的語が reimbursement で、for travel (　) incurred at the conference 部分は reimbursement を説明している修飾語です。for は前置詞なので、前置詞の後ろは名詞句になるはずです。

　さらに細かく見ると、travel (　) incurred at the conference 部分は、incurred at the conference「会議で負わされた」が travel (　) を修飾していることがわかります。

　したがって、travel (　) は名詞句になるはずです。そのためには、空欄には名詞を入れなければなりません。名詞である (B) の **expenses**「経費、費用」が正解です。(D) の expensiveness も名詞ですが、「高価さ」という意味なので文意が通りません。

　travel も名詞ですが、形容詞的に expenses を修飾し、travel expenses（名詞＋名詞）でひとつの名詞になっている複合名詞です。**travel expense** で**「(出張) 旅費」**という意味になります。

To receive reimbursement / for travel expenses /
払い戻しを受けるためには / 旅費に対する /

incurred at the conference / held in Miami last week, /
会議でかかった / 先週マイアミで開催された /

submit / an expense report / no later than Friday.
提出してください / 経費報告書を / 金曜までに

第19問

次の選択肢の中から正しいものを選びなさい。

In order for the company to fulfill its objective of expanding overseas, it must first (　　) funds through the sale of underperforming divisions.

(炎・第8問)

(A) invest

(B) deposit

(C) reimburse

(D) raise

ヒント！

In order / for the company / to fulfill its objective / of expanding overseas, / it must first (　) funds / through the sale / of underperforming divisions.

単 語 の 意 味

in order for ～ to ...	·················	～が…するために
fulfill [fulfíl]	·················	～を果たす、全うする
objective [əbdʒéktɪv]	·················	目標、目的
expand [ɪkspǽnd]	·················	～を拡大する
overseas [òʊvərsíːz]	·················	海外に、外国に
funds [fʌ́ndz]	·················	資金、資源
through [θrúː]	·················	～を通じて
underperforming [ʌ́ndərpərfɔ́ːrmɪŋ]	···	標準以下の
division [dɪvíʒən]	·················	部、課

答え　(D) raise

難易度… ★★★★☆

訳

同社が海外展開という目標を達成するには、まず最初に不採算部門の売却を通し資金を調達しなければなりません。

構文解析

> In order for the company to fulfill its objective of expanding overseas, it must first raise funds through the sale of underperforming divisions.

↓《in order for A to do》で「目的：A が～するために」を表す

↓ its = the company's

(**In order for** the company **to** fulfill its objective

名詞 objective を

↓ 副詞　　　うしろから修飾

of expanding overseas), it must (first) raise funds
前＋動名詞＋副　　　S　　　V　　　　O（名）

↑ it = the company

名詞 sale を
うしろから修飾

(through the sale of underperforming divisions).
前＋名　　　　前＋形＋名

　SVO 文型の文です。文頭に「目的：A が～するために」を表す《in order for A to do》があり、V（動詞）を修飾しています。

　ここでは「不定詞における意味上の主語」と「同格の of」について説明します。

FOCUS-26 ──[不定詞　意味上の主語]

　問題文では in order to *do*（〜するために）の表現に、行為者を表す for *A* が組み込まれていることに注意しましょう。**in order for *A* to *do*** で「***A* が〜するために**」という意味になります。for *A* の部分は「意味上の主語」と呼ばれるもので、直後の不定詞の内容（to *do*）を行う人・モノを表します。

　意味上の主語は、不定詞の名詞・形容詞・副詞いずれの用法でも使われます。

不定詞の名詞用法（〜すること）の場合

　It is impossible for me to solve the problem.
　（私がその問題を解くことは、不可能です）

不定詞の形容詞用法（〜するための）の場合

　There is no house for the family to live in.
　（その家族には、住む家がない）

不定詞の副詞用法（〜するために）の場合

　In order for him to improve his health, we persuaded him to stop smoking.
　（彼が健康を改善するために、私たちは彼にタバコをやめるよう説得した）

　本書で取り上げている次の問題文（第 23 問）でも、不定詞の「意味上の主語」が登場します。

---

23. Because Thorton Industries had built a solid reputation with its local customer base, **it** was easy for it to expand into adjacent markets.

　また、本書で取り上げた 50 問には含まれていませんが、『炎の千本ノック！』には不定詞の「意味上の主語」が含ま

れる英文がほかにも登場します。併せて学習しましょう。

In order for the manufacturer's warranty to remain valid, all regular maintenance must be done at a certified dealer.

(炎・第 91 問)

（メーカー保証の有効性を保つため、全ての定期点検はメーカー公認店で行う必要があります）

FOCUS-27 ——[同格の of]

　its objective of expanding overseas の部分に着目します。its objective を修飾している前置詞の of は、「同格」の of と呼ばれます。「～という」という意味で、前の名詞の内容を説明しています。its objective of expanding overseas で「海外に展開するという目的」という意味になり、objective（目的）の内容を説明しています。

　なお、of の直後が expanding という ing 形になっていることにも注意しましょう。これは動詞を名詞化した「動名詞」です（→詳しくは第 24 問参照）。前置詞のうしろには、名詞や代名詞のほかに、名詞に相当する語もおくことができます。動詞はそのままの形ではおくことができませんが、ing をつけ、動名詞にすることで名詞相当の語となり、おくことができるのです。

　本書で取り上げている次の問題文（第 37 問）でも、同格の of が登場します。併せて学習しましょう。

37. Devlon Industries now offers employees the option **of** receiving a car allowance in lieu of transportation fees to those who prefer driving.

さらに、接続詞 that にも「同格」用法があり、うしろから名詞を修飾します。

> 35. The pharmaceutical company has offered investors assurance **that** no further mergers will take place in the next five years.

こちらについては、本書の 223 ページで詳しく解説しています。

適切な意味の動詞を選ぶ問題です。

適切な意味の動詞を選ぶ問題は語彙問題と同じで、英文を読んで、全体の意味を考えなければなりません。

「同社が海外展開という目標を達成するには、まず最初に不採算部門の売却を通し資金〜しなければならない」という英文の「〜」部分に入れて文意が通るのは何かを考えます。

「〜」部分には「(資金) を調達する」というような意味の動詞が入るとわかります。したがって、正解は(D)の raise「〜を調達する、集める」です。**raise funds で「資金を調達する」という意味**になり、ビジネス関連の英文で頻繁に使われます。

raise は raise money「資金を集める」、raise concerns「懸念を引き起こす」、raise questions「問題を提起する」など、さまざまな場面で使われます。パート5では他にも raise awareness「認識を高める」という表現で動詞の raise を問う問題として出題されています。

(A)invest「〜を投資する」、(B)deposit「〜を預金する、入金する」、(C)reimburse「〜を払い戻す」では文意が通りません。

In order / for the company / to fulfill its objective /
(〜ために)/ その会社が / その目標を達成するために /

of expanding overseas, / it must first raise funds /
海外展開するという / それは(=その会社は)最初に資金を調達
しなければなりません /

through the sale / of underperforming divisions.
売却を通じて / 不採算部門の

第**20**問

次の選択肢の中から正しいものを選びなさい。

(　　) with the client's plans to expand overseas will certainly help the consulting team give better advice.

(炎・第81問)

(A) Intention

(B) Enclosed

(C) Familiarity

(D) Definition

ヒント！

(　)/ with the client's plans / to expand overseas / will certainly help / the consulting team / give better advice.

単 語 の 意 味

expand [ɪkspǽnd]·················· 拡大する、大きくなる
overseas [òuvərsíːz]··············· 海外に、外国に
certainly [sə́ːrtnli]················· 確実に、必ず

答え （C） Familiarity

訳

クライアントの海外進出計画について熟知していることは、コンサルティングチームがより良いアドバイスを行う上で確実に役立つでしょう。

構文解析

> Familiarity with the client's plans to expand overseas will certainly help the consulting team give better advice.

Familiarity （with the client's plans to expand overseas）
　S　　　　　　前置詞＋名詞　　　不定詞の形容詞的用法
名詞 familiarity を修飾　　　名詞 plans を修飾

will certainly help the consulting team give better advice.
副詞　　　　V　　O（名）　　　C（原形不定詞）

　SVOC 文型の文です。be familiar with「～を熟知している」でよく使われる形容詞 familiar は名詞化すると、familiarity「熟知していること」になります。この抽象名詞が文における S（主語）になっています。

　ここでは原形不定詞について説明します。

FOCUS - 28 ──[　　　　原形不定詞　　　　]

　問題文を一読すると familiarity という S（主語）に対して、will help と give という２つの動詞があるように見えます。ですが、文全体の V（動詞）は will help のほうです。

　問題文を読み進めていく途中で、動詞が２つあるように思えたら、「原形不定詞」の可能性を考えましょう。原形不定詞とは、to がつかない形、すなわち原形を使う不定詞のことです。

　SVOC 文型の C（補語）の位置には、名詞や形容詞だけではなく、to 不定詞や原形不定詞もくるのです。C に何がくるかは、V のところにくる動詞によって決まります。

| The song | made | her | a star |. （その曲で彼女はスターになった）
　 S 　　 　V 　 　O 　　C （名）

| You | made | me | happy |. （あなたは私を幸せにしてくれた）
　S 　 　V 　　O 　C （形）

　V の場所に make がきている上の文では、O ＝ C の関係性が成り立ちます。すなわち、「her = a star」や「me = happy」の関係が成り立っているわけです。一方、同じ SVOC 文型でも、help が V の場所にくる場合は《help＋O＋to 不定詞／原形不定詞》の形で「O が〜するのを助ける」という意味になり、O は C の意味上の主語になります。

| They | helped | me | to achieve my goal |.
　S 　　 V 　　 O 　　　C （to 不定詞）

| They | helped | me | achieve my goal |.
　S 　　 V 　　O 　　 C （原形不定詞）
（彼らは私が目標を達成するのを助けてくれた）

Cに to 不定詞や原形不定詞がきているこれらの2つの文では、(to) achieve my goal するのは、they ではなく、me のほうです。「私が目標を達成する」という意味になることから、本来のS（主語）である they に対して、me のほうは「意味上の主語」と呼ばれます。

もうひとつ、help を使った例を見ておきましょう。

May I help you (to) carry your baggage?
（あなたの手荷物を運ぶのをお手伝いしましょうか）

この場合も、to carry としても、原形不定詞で carry としても文法的に可能です。《help＋O＋to 不定詞》は、to を省略して《help＋O＋原形不定詞》という形でも使えることを覚えておきましょう。

動詞 help には、もうひとつ注意すべき用法があります。それは、《help＋to 不定詞／原形不定詞》という SVO 文型です。「～するのを手助けする」という意味になります。

He | helped | to carry her baggage.
S　　V　　　　O（to 不定詞）

He | helped | carry her baggage.
S　　V　　　　O（原形不定詞）
（彼は彼女の手荷物を運ぶ手助けをした）

このパターンで原形不定詞が使われると helped carry となり、動詞が連続しているように見えます。文の構造が見抜きづらくなるので注意しましょう。
なお、使役動詞の have には、《have＋O＋C（原形不定詞）》と《have＋O＋C（過去分詞）》の2通りの形があります。

　本書で取り上げている次の問題文（第21問）では、Cに過去分詞がくるパターンが登場します。併せて学習しましょう。

> 21. The board of directors is arranging to <u>have the factory relocated</u> to a region with access to an affordable supply of raw materials.

語彙問題です。

語彙問題は英文を読み、全体の意味を考えなければなりません。

この英文の意味を理解するには、[help＋人＋～（動詞の原形）]で「人が～するのを手助けする」という意味になるということを知っていなければなりません。

「クライアントの海外進出計画に～は、コンサルティングチームがより良いアドバイスを行う上で確実に役立つだろう」という英文で、「～」部分に何を入れればいいのかを考えます。

(C)の familiarity「熟知していること」であれば、文意が通ります。familiarity with ～で「～に熟知していること」という意味になり、よく使われる表現です。

動詞の familiarize「～を習熟させる」やイディオムである be familiar with ～「～を熟知している」を問う問題も出題されますので、一緒に覚えましょう。

(A) Intention「意図、意思」、(B) Enclosed「（封書の）同封物」、(D) Definition「定義、記述」では文意が通りません。

Familiarity / with the client's plans / to expand overseas /
熟知していること / クライアントの計画に / 海外に進出する /

will certainly help / the consulting team /
確実に役立つでしょう / コンサルティングチームが /

give better advice.
より良いアドバイスを提供するのに

第21問

次の選択肢の中から正しいものを選びなさい。

The board of directors is arranging to have the factory (　　) to a region with access to an affordable supply of raw materials.

（炎・第93問）

(A) to relocate

(B) relocates

(C) relocating

(D) relocated

ヒント！

The board of directors / is arranging / to have the factory (　) / to a region / with access / to an affordable supply / of raw materials.

単 語 の 意 味

the board of directors ········· 取締役会
arrange (to ～) ····················· (～するように) 準備をする、手配する
factory [fǽktəri] ······················ 工場
region [ríːdʒən] ························· 地域、地方
affordable [əfɔ́ːrdəbl] ············· 手頃な価格の
supply [səplái] ························· 供給、供給量、供給品
raw material ·························· 原材料、素材

答え　(D) relocated

訳

取締役会は、手頃な価格で原材料が手に入る地域へ工場を移転させる準備を進めています。

構文解析

> The board of directors is arranging to have the factory relocated to a region with access to an affordable supply of raw materials.

The board of directors | is arranging | (to have the factory
S　　　　　　　　　　　　　V　　　　　　　不定詞の副詞用法（目的）
　　　　　　　　　　　　　　　　　　　　動詞を修飾

relocated to a region with access
　　　　　前＋名　　　前＋名
　　　　　　　　　　　うしろから
　　　　　　　　　　　名詞 region を修飾

to an affordable supply of raw materials).
　　　前＋名　　　　　前＋名
うしろから　　　　　　うしろから
名詞 access を修飾　　名詞 supply を修飾

　SV 文型の文で、うしろに不定詞の副詞用法が続いています。V の場所にきている arrange は「自・他動詞」両方の用法がありますが、ここでは「自動詞」です。arrange to do で「〜するように準備する」という意味になります。

　ここでは「使役動詞 have」について説明します。

FOCUS-29 ──[使役動詞 have の用法]

to have the factory relocated のところで出てくる動詞 have に着目しましょう。《have＋O＋C（過去分詞）》の形になっています。この have は「〜を持っている」という意味ではありません。「使役動詞」と呼ばれ、「（O に）〜させる、してもらう」といった意味で使われます。

使役動詞の have には、《have＋O＋C（原形不定詞）》と《have＋O＋C（過去分詞）》の 2 通りの形があります。

・have＋O＋C（原形不定詞）「O に〜させる、してもらう」

O と C の間には、「O が C する」という能動態の関係があります。

I │had│ my secretary │send the letter.
S V   O   C（原形不定詞）

（私は秘書に手紙を送らせた）

→つまり、My secretary sent the letter.（秘書が手紙を送った）ということです。

・have＋O＋C（過去分詞）「O を〜させる、してもらう」

O と C の間には、「O が C される」という受動態の関係があります。

I │had│ the letter │sent│ by my secretary.
S V   O   C（過去分詞）

（私は手紙を秘書に送らせた）

→つまり、The letter was sent by my secretary.（手紙は秘書によって送られた）ということです。

Part 5 で C の形を問う問題が出たら、O と C の関係が能動態「〜が…する」なのか、受動態「〜が…される」なのかで判断しましょう。

使役の問題です。

（have＋目的語＋過去分詞）の形で使役の意味を表わし、「〜させる、〜してもらう」という意味になります。

問題文では is arranging to の後ろに使役の have が続き、その後ろに目的語の factory が続いています。目的語が factory なので、後ろに過去分詞がきます。目的語である factory と空欄に入る補語との関係が受動的だからです。一般的に、目的語が「物」の場合には、過去分詞が入ります。

空欄に過去分詞である(D)の relocated を入れれば、主語である The board of directors「取締役会」が工場を移転させる準備をしている、となり文意が通ります。したがって、正解は(D)の relocated です。

目的語と補語の関係が能動的な場合には、I have my students study English（私は生徒に英語の勉強をさせる）のように（have＋目的語＋動詞の原形）の形を使います。このような使われ方をするのは、目的語が「人」の場合です。ただし、目的語が人であっても、目的語と補語の関係が受動的である場合には、補語には過去分詞が使われます。

使役動詞は、パート5以外の他のパートでも頻繁に使われます。

スラッシュリーディング

The board of directors / is arranging /
取締役会は / 準備しているところです /

to have the factory relocated / to a region / with access /
工場を移転させるように / 地域へ / アクセスのある（＝入手できる）/

to an affordable supply / of raw materials.
手頃な価格での供給に / 原材料の

第22問

次の選択肢の中から正しいものを選びなさい。

The government offered an (　　) to local producers to encourage them to sell to local markets rather than export products.

(炎・第104問)

(A) exception

(B) incentive

(C) appreciation

(D) estimate

ヒント！

The government offered an (　) / to local producers / to encourage them / to sell to local markets / rather than export products.

単 語 の 意 味

offer [ɔ́:fər]‥‥‥‥‥‥‥‥‥‥‥‥‥‥〜を提供する、申し出る
encourage [inkə́:ridʒ]‥‥‥‥‥‥〜を奨励する、勧める
rather than 〜‥‥‥‥‥‥‥‥‥‥〜よりはむしろ

答え　(B) incentive

難易度… ★★★★☆

訳

地元の生産者が商品を輸出せずに地元の市場で販売すること
を奨励するために、政府は彼らに優遇措置を講じました。

構文解析

> The government offered an incentive to local
> producers to encourage them to sell to local markets
> rather than export products.

The government | offered | an incentive | (to local producers
S　　　　　　　　　V　　　　O（名）　　　　前＋名

to encourage them to sell to local markets
不定詞の 副詞用法　目的　　　　前＋名

rather than * export products).
　　　↑ to不定詞の to が省略されている

　SVO 文型の文です。to が4箇所出てきますが、1・4番目
の to local producers や to local markets は「〜へ」という動
作の対象を表す前置詞の to です。対して、2・3番目の to
encourage や to sell は不定詞の to であることに注意しまし
ょう。

　ここでは他動詞 offer や encourage の使い方と比較を表す
「rather than」の表現について説明します。

FOCUS-30 ──[他動詞 offer の用法]

　The government offered an incentive to local producers の
部分で使われている動詞 offer に着目します。他動詞 offer は
give（→71ページ参照）と同じように、SVO 文型と SVOO
文型の両方の形をとります。問題文は、SVO 文型になって
おり、目的語には「モノ」がきています。

The government	offered	an incentive	to local producers.
S	V	O（名）	前＋名
		［モノ］	

　上の文を SVOO 文型にすると、目的語は「人」「モノ」の
順序となることに注意しましょう。この形で「人」の部分を
問う問題が TOEIC テストのパート5で出題されます。

The government	offered	local producers	an incentive |.
S	V	O（名）	O（名）
		［人］	［モノ］

　このように、offer は SVO と SVOO という2つの文型をと
ることができますが、その場合、目的語の順序が異なること
をおさえておきましょう。

SVO 文型のとき
offer＋ モノ ＋to＋ 人

She	offered	financial support	to me.
S	V	O（モノ）	前＋人（＊ここでは代名詞）

（彼女は金銭的サポートを私にしてくれた）
　　→「モノ」を先に置きたい場合は、offer＋ モノ ＋to＋
　　　　人 のように、前置詞が必要になります。

She | offered | me | financial support.
  S 　V 　O（人）　O（モノ）

（彼女は私に金銭的サポートをしてくれた）

　本書で取り上げている次の問題文（第 12/35/37 問）でも、他動詞 offer が登場します。併せて学習しましょう。

12. Regus Jewelers **offers** inspection and cleaning of watches to ensure its customers' timepieces are well maintained.

35. The pharmaceutical company has **offered** investors assurance that no further mergers will take place in the next five years.

37. Devlon Industries now **offers** employees the option of receiving a car allowance in lieu of transportation fees to those who prefer driving.

FOCUS-31 ──[他動詞 encourage の用法]

　encourage them to sell（彼らに売るように奨励する）の部分に着目します。他動詞 encourage は《encourage＋O＋不定詞》で「O に〜するように奨励する」という意味になります。不定詞の部分は C（補語）となり、O は C の意味上の主語になるという関係性です。

encourage | them | to sell
　V　　　 O　　C（不定詞）

　　　↑ O は C の意味上の主語。
　　　them が sell する、つまり「彼らが売る」ということ。

　なお、「意味上の主語」だからといって、them を they にはしません。あくまでも encourage の目的語なので、「目的格」である them を使います。同様の形をとる他動詞を紹介します。

---

ask＋O＋不定詞「O に〜するようお願いする」

I **asked** him to rewrite it.
（私は彼にそれを書き直すようお願いした）

allow＋O＋不定詞「O が〜するのを許す」

My company **allowed** me to work from home.
（私の勤務先は在宅勤務を許可してくれた）

enable＋O＋不定詞「O が〜するのを可能にする」

Their support **enabled** me to achieve my goal.
（彼らの支援のおかげで私は目標を達成することができました）

force＋O＋不定詞「O が〜することを強いる」

The company **forced** him to resign.
（その企業は彼を辞職に追いやった）

require＋O＋不定詞「O が〜することを要求する」

The project **required** me to work in a team.
（そのプロジェクトで私はチームで働く必要がありました）

want＋O＋不定詞「O に〜してほしい」

We **want** you to join our team.
（われわれはあなたにチームに加わってほしいのです）

　本書で取り上げている次の問題文（第29問）でも、《allow＋O＋不定詞》が登場します。

---

29. Employees **are allowed to use** any computer they like, but all devices must be compatible with all of the software used by the company.

　また、本書で取り上げた50問には含まれていませんが、『炎の千本ノック！』には《allow＋O＋不定詞》が含まれる英文がほかにも登場します。併せて学習しましょう。

The embassy has agreed to host an education fair that will **allow** anyone wishing to study abroad **to collect** comprehensive information from one location. （炎・第80問）
（海外留学を希望する人が一カ所で総合的な情報収集ができるよう、大使館は教育フェアを開催することに同意しました）

FOCUS-32 ── [rather than の用法]

encourage them のうしろに続く、to sell to local markets **rather than** export products の部分に注目しましょう。

A **rather than** *B*「*B* というよりむしろ *A*」という比較の表現が使われています。この表現では、*A* と *B* には文法的に同等のものがきます。問題文でも *A*（to sell to local markets）と *B*（export products）という不定詞がきています。*B* は不定詞の to が省略されています。

to sell to local markets ← *A* の部分
rather than
(to) export products　← *B* の部分
↑省略されている

ほかの例も見てみましょう。

「動詞」と「動詞」
I'll <u>study</u> English **rather than** <u>play</u> video games.
（ビデオゲームをするよりも、英語を勉強する）

「名詞」と「名詞」
I prefer <u>tea</u> **rather than** <u>coffee</u>.
（私はコーヒーよりもむしろ紅茶の方が好きだ）

「形容詞」と「形容詞」
It is <u>affordable</u> **rather than** <u>cheap</u>.
（それは安っぽいというよりもお手頃だ）

　　A rather than B は等位接続詞と同じように、文法的に同等なものをつなぐことをおさえておきましょう。

　　rather と than を用いた類似表現として、**would rather V₁ 〜 than V₂ ...**「**V₂するより、むしろ V₁ したい**」もあります。

I **would rather** stay at home **than** go out.
（私は外出するよりむしろ家にいたい）

　　V₁・V₂ともに動詞の原形が使われています。would という助動詞のあとに続くから、原形が使われているのです。rather 自体は副詞です。I **would rather** stay at home.（私はむしろ家にいたい）というような、than 以下のない表現も使われます。

語彙問題です。

選択肢にはさまざまな名詞が並んでいます。どの名詞であれば文意が通るかを問う語彙問題です。語彙の問題は英文を読み、全体の意味を考えなければなりません。

to不定詞以降の to encourage them to sell to local markets rather than export products 部分で、The government offered an ( ) to local producers 部分の目的を述べています。

つまり、「商品を輸出せずに地元の市場で販売することを地元の生産者に奨励するために」行われたことが The government offered an 〜 to local producers「政府が地元の生産者に〜を与えた」です。この「〜」部分に入れて文意が通るのは、(B)の **incentive** しかありません。

問題文では「優遇措置、奨励策」という意味で使われていますが、企業が優秀な業績を上げた社員に提供するような場合だと「奨励金、報奨」という意味で使われることが多いです。「奨励金、報奨」という意味での incentive を問う問題も出題されています。一緒に覚えましょう。

(A)exception「例外、除外」、(C)appreciation「感謝、正しい認識」、(D)estimate「見積もり」では文意が通りません。

スラッシュリーディング

The government offered an incentive / to local producers /
政府は優遇措置を提供しました / 地元の生産者に /

to encourage them / to sell to local markets /
彼らに奨励するために / 地元市場に販売することを /

rather than export products.
商品を輸出するのではなく

第23問

次の選択肢の中から正しいものを選びなさい。

Because Thorton Industries had built a (　　) reputation with its local customer base, it was easy for it to expand into adjacent markets.

（炎・第15問）

(A) valid

(B) qualified

(C) comprehensive

(D) solid

ヒント！

Because Thorton Industries / had built / a (　) reputation with its local customer base, / it was easy / for it / to expand / into adjacent markets.

単語の意味

reputation [rèpjətéɪʃən] ············· 評判
customer base ······················· 顧客基盤、顧客ベース
expand [ɪkspǽnd] ····················· 拡大する
adjacent [ədʒéɪsnt] ·················· 隣接した、近くの

答 え　(D) solid

訳

ソートン産業は地元の顧客基盤から確固たる評判を得ていたので、隣接市場への拡大が容易でした。

構文解析

> Because Thorton Industries had built a solid reputation with its local customer base, it was easy for it to expand into adjacent markets.

従属節

[**Because** Thorton Industries had built a solid reputation
接続詞　　　　　　S'　　　　　　V'　　　　O' (心)

with its local customer base,]
前 + 代＋形＋複合名詞
　　↑ its = Thorton Industries'

主節

it was easy for it to expand into adjacent markets.
S　V　C(形)　前＋代名　不定詞＝真の主語
↑　　　　　　　↑ it = Thorton Industries
it は形式主語

　SVC 文型の文です。S に形式主語の it が使われており、真の主語は to expand into adjacent markets の部分です。接続詞 because が導く節は従属節として、主節(it ～ markets)を修飾しています。

　ここでは「It is 形容詞 for *A* to *do* の構文」について説明します。

FOCUS-33 ── [It is 形容詞 for *A* to *do* の構文]

　主節の it was easy for it to expand into adjacent markets に着目しましょう。《It is 形容詞 for *A* to *do*》の構文になっています。「*A* が〜することは…だ」という意味になります。ここでの it は「それは」と何かを指すのではなく、「形式主語」として機能しています。次の文を見てください。

To solve the problem is difficult.
（その問題を解決することは難しい）

　不定詞の名詞用法が、主語として使われていますね。文法的には正しいのですが、英語は主語の長い、頭でっかちの文を嫌います。このようなとき、形式主語の it で代用し、その内容を後半の不定詞で具体的に述べます。これを「真の主語」といいます。

To solve the problem is difficult.

[It] is difficult to solve the problem.
形式主語　　　真の主語

　さらに、「その問題を解決すること」が「誰にとって難しい」のかを説明するときは、不定詞の前に for 〜を組み込んで表すことができます。

　　　　　↓意味上の主語
[It] is difficult for him to solve the problem.
形式主語　　　　　真の主語
（彼がその問題を解決することは難しい）

for him の部分は不定詞の「意味上の主語」と呼ばれます。

　問題文に戻ります。仮に次のような順序だったら、頭でっかちになってしまいますね。

To expand into adjacent markets was easy for it.

　それを避けるために、形式主語 it が文頭におかれ、不定詞は後回しになっているのです。

　　　　　　　↓意味上の主語
It was easy for it to expand into adjacent markets.
形式主語　　　　　　真の主語

　なお、for の直後の it は Thorton Industries（ソートン産業）のことを指しています。it は、すでに話題になったものを指す代名詞として機能しています。

　本書で取り上げている次の問題文（第 14/31 問）でも、形式主語 it が登場しています。

14. If online retailers want to succeed in the current environment, **it** is necessary to provide timely responses to any questions or concerns customers may have.

31. **It** is the manager's responsibility to ensure that evaluations are submitted by May 31 so that they can be thoroughly reviewed by human resources department.

　　　　　　　　　　　　　＊　　　は「真の主語」となる部分。

　it には人称代名詞以外の使われ方もあることを、ぜひ知っておきましょう。

```
        ┌─── 人称代名詞
   it ──┤
        └─── 形式主語・形式目的語
```

*形式目的語については 216 ページをご覧ください。

語彙問題です。

語彙問題は英文を読み、全体の意味を考えなければなりません。

「ソートン産業は地元の顧客基盤から〜評判を得ていたので、隣接市場への拡大が容易だった」という英文で、「〜」部分に何を入れればいいのかを考えます。後ろに置かれた reputation とつなげて使えて意味が通るのはどれか考えます。(D)の **solid「確かな、確固とした」** であれば文意が通ります。

solid を問う語彙問題は過去にも出題されていますが、もう少しシンプルな英文での出題でした。最近の TOEIC テストでは空欄に入る単語を知っているだけでは正解できず、空欄前後に置かれた単語とのつながりを考えなければ解けない問題が増えています。しかも、build a solid reputation「確かな評判を築く」のようにビジネス関連の英文によく使われる、少しフォーマルなものの出題が増えています。

高得点を取りたい方は、ビジネス関連の英文を読みながらそれぞれの単語の使われ方を覚えた方がいいでしょう。

(A)valid「有効な」、(B)qualified「適任の、資質のある」、(C)comprehensive「広範囲の、総合的な」では文意が通りません。

Because Thorton Industries / had built / a solid reputation
ソートン産業は〜なので / 築きました / 確固たる評判を

with its local customer base, / it was easy /
地元の顧客基盤から / 容易でした /

for it / to expand / into adjacent markets.
それ(＝ソートン産業)が / 拡大すること / 隣接市場へ

第24問

次の選択肢の中から正しいものを選びなさい。

( ) digital folders in an understandable and recognizable way is essential so that anyone can find a file easily.

（炎・第70問）

(A) Label

(B) Labels

(C) Labeled

(D) Labeling

ヒント！

( ) digital folders / in an understandable and recognizable way / is essential / so that anyone can find a file easily.

単 語 の 意 味

understandable [ʌ̀ndərstǽndəbl]…わかりやすい、理解できる

recognizable [rékəgnàɪzəbl]…………見分けのつく、認識できる

essential [ɪsénʃəl]…………………………必須の、不可欠な

so that A can 〜……………………A が〜できるように

訳

わかりやすくはっきりとデジタルフォルダーにラベルを付けることは、誰もが容易にファイルを見つけることができるようにするうえで不可欠です。

構 文 解 析

Labeling digital folders in an understandable and recognizable way is essential so that anyone can find a file easily.

Labeling digital folders
      S （動名詞）

(in an understandable and recognizable way)
      前＋形＋接＋形＋名

is essential [so that anyone can find a file easily].
V C （形）   S'   V'   O' （名） 副
         so that *A* can *do*「*A* が〜できるように」

  SVC 文型の文です。Sに動名詞を含む名詞句（＝名詞と同等の働きをする句）がきています。

  ここでは「動名詞」と「so that *A* can *do*」について説明します。

FOCUS-34 ──[動名詞]

S（主語）にきている labeling digital folders（デジタルフォルダーにラベルを付けること）に着目します。動詞 label（～にラベルを付ける）に ing がついて、動名詞になっています。

動名詞は「動詞」に ing をつけて名詞的な役割を持たせたものです。動名詞になると「～すること」という意味を持ち、名詞と同等の働きをします。すなわち、文の中で、S（主語）や C（補語）、O（目的語）、前置詞の目的語になることができます。

S（主語）になる

Living abroad is challenging.
（海外に住むことは挑戦しがいがあることだ）

→ living abroad（海外に住むこと）というかたまり（＝名詞句）が主語になっている。

C（補語）になる

My passion is teaching children.
（私が情熱を傾けているのは子供たちを教えることだ）

→ SVC 文型では、「S ＝ C」の関係が成り立つ。つまり、my passion ＝ teaching children の関係になっている。

O（目的語）になる

I enjoyed working with you.
（あなたと働いて楽しかった）

→他動詞 enjoyed（～を楽しんだ）の目的語になっている。

前置詞の目的語になる

I'm looking forward to seeing you.
（あなたにお目にかかるのを楽しみにしております）

→ seeing you（あなたに会うこと）が前置詞 to の目的語になっている。

---

so that anyone can find a file easily のところを見てください。《**so that *A* can *do***》は「***A* が〜できるように**」という意味で、「**目的**」を表す表現です。ここでの that は接続詞で、うしろに「節」（= SV を含む 2 語以上のかたまり）を導きます。that は省略されることもあります。これと混同しやすい表現に《**so 形・副 that *A* 〜**》「**とても…なので *A* は〜だ**」があります。that 節以下は「**結果**」を表します。

---

so that *A* can *do* 「*A* が〜できるように」《目的》

We will hold the workshop online this year so that we can prevent the virus from spreading.
（そのウィルスの広がりを避けるために、今年はワークショップをオンラインで開催します）

→ so that *A* に続く助動詞は can だけでなく、will や may がくることがあります。

We need to hire more people so (that) we can meet the demand.
（需要に応えるために、私たちはもっと人を雇用する必要がある）

→ このように that は省略することもできます。

---

so 形・副 that *A* 〜 「とても…なので *A* は〜だ」《結果》
副
直後の「形・副」を修飾している

The museum was so crowded that we could not enjoy the exhibit.
（美術館がとても混んでいて、私たちは展示物を楽しむことができなかった）

→ 副詞 so が直後の形容詞 crowded を修飾しています。that 節以下には「結果」を表す内容がきます。

　なお、本書で取り上げている次の問題文（第36問）でも、**so that A can do** の表現が登場します。併せて学習しましょう。

36. Once an application is received, it is thoroughly reviewed and candidates are contacted **so that** an interview **can** be scheduled.

動名詞の問題です。

この英文の主語は ( ) digital folders (in an understandable and recognizable way) です。ちなみに in an understandable and recognizable way 部分は、〈前置詞＋名詞句〉なので修飾語です。また、動詞は be 動詞の is です。

主語は名詞か名詞句なので ( ) digital folders 部分を名詞句にするには、空欄に動名詞である (D) の Labeling「〜にラベルを付けること」を入れれば正しい英文になります。

動名詞は、動詞を〜 ing 形にして名詞的な役割を持たせたもので、「〜すること」という意味になります。したがって、動名詞は文の主語や補語、目的語になります。この英文では主語になっています。

consider 〜 ing のように、他動詞に続く「目的語としての動名詞」を問う問題も出題されます。

スラッシュリーディング

Labeling digital folders /
デジタルフォルダーにラベルを付けること /

in an understandable and recognizable way /
わかりやすくはっきりと /

is essential / so that anyone can find a file easily.
不可欠です / 誰もが容易にファイルを見つけられるように

第25問

次の選択肢の中から正しいものを選びなさい。

In order to (　　) publicity in an affordable and broad way, many retailers are turning to promoting their businesses through social media.

(炎・第72問)

(A) permit

(B) diversify

(C) elaborate

(D) gain

ヒント！

In order to ( ) publicity / in an affordable and broad way, / many retailers are turning / to promoting their businesses / through social media.

単 語 の 意 味

in order to ～ ···························～するために

publicity [pʌblísəti] ··················周知、知名度、広報

affordable [əfɔ́ːrdəbl] ··············手頃な価格の

retailer [ríːtèilər] ·····················小売店、小売業者

turn to ～ ·····························～を始める、～に取り掛かる

promote [prəmóut] ··················～を宣伝する、販売促進する

through [θrúː] ·························～を通じて

訳

手頃な価格で幅広く注目を集めるために、多くの小売店では
ソーシャルメディアを通じて商売の宣伝をし始めています。

構文解析

> In order to gain publicity in an affordable and broad
> way, many retailers are turning to promoting their
> businesses through social media.

(In order to gain publicity <u>in an affordable and broad way</u>),
in order to *do*「〜するために」   前＋形＋接＋形＋名

<u>many retailers</u> <u>are turning</u> (<u>to promoting their businesses</u>
　　S　　　　　　V　　　　　　　前＋動名詞＋名
<u>through social media</u>).
　前＋目

　SV 文型の文です。turn はここでは「(…することに) 取
り掛かる、始める」という意味で、自動詞として働いていま
す。

　ここでは「前置詞 to ＋動名詞」と「前置詞 through」につ
いて説明します。

FOCUS-36 ──[前置詞 to ＋動名詞]

　many retailers are turning to promoting their businesses
の部分に着目します。前置詞 to の次が promoting と ing 形
になっていることに注意です。to を見て「不定詞だ！」と考
えて、動詞の原形 promote がこないのはなぜだ、と疑問に
思った方もいるかもしれません。ここでの to は不定詞では
なく、前置詞としての to です。ですから、うしろには名詞
や代名詞か、名詞と同じ働きをする動名詞がきます。問題文
では promote の動名詞である promoting がきています。

　前置詞のうしろに動詞をおく場合は、原形のままではおく
ことができません。動名詞（ing 形）にして、名詞と同じ働
きをする語にする必要があるのです。

●比較！
　前置詞のうしろには「名詞」だけでなく、「動名詞」
もくることがあります。動詞を ing 形にすることで名詞
的に使えるため、前置詞のうしろに置くことができる
のです。

《前置詞 ＋ 名詞》
　I'm interested **in books**.
　（私は本に関心があります）

《前置詞 ＋ 動名詞》
　I'm interested **in reading books**.
　　　　　　　　× in read books とはしない！
　（私は本を読むことに関心があります）

　《前置詞 ＋ 動名詞》の組み合わせの中でも要注意なのが、
問題文にも出てきている《前置詞 to ＋動名詞》です。「不定
詞」が《to ＋動詞の原形》という形をとるため、まぎらわし
いのです。次の例を比較しましょう。

●比較！

to には前置詞もあります。to を見て、すぐに「不定詞だ！」と早とちりしないようにしましょう。

《to + 動詞の原形》の不定詞

I'm glad **to see** you.
（あなたにお目にかかれてうれしいです）

《前置詞 to + 動名詞》

I'm looking forward **to seeing** you.

× to see you とはしない！

（あなたにお目にかかるのを楽しみにしております）

《前置詞 to + 動名詞》の組み合わせを取る定番表現をおさえておきましょう。

be used to _do_ing（～することに慣れている）

She is used to working from home.
（彼女は在宅勤務に慣れている）

→ be accustomed to _do_ing も同じ意味。

devote ... to _do_ing（～することに…を捧げる［あてる］）

She is devoting her time to preparing for the next event.
（彼女は自分の時間を次のイベントの準備にあてている）

look forward to _do_ing（～することを楽しみにする）

I'm looking forward to hearing from you.
（ご連絡お待ちしております）

object to _do_ing（～することに反対する）

They objected to working night shifts.
（彼らは夜勤に反対した）

なお、本書第5問で取り上げた次の問題文でも、《前置詞＋動名詞》の形が使われています。この例のように、《for＋動名詞》という使い方もあります。併せて学習しましょう。

5. As of January 1, documents explaining the procedure **for handling** emergency situations must be available to all employees.

FOCUS-37 ——[　　前置詞 through　　]

　through social media（ソーシャルメディアを通じて）のところに着目します。ここでの through は前置詞で「～を通じて」という「手段」を表しています。これ以外に、「《通過》～を通り抜けて」という意味もあります。

He ran **through** the park.
（彼はその公園を走り抜けた）《通過》

　なお、TOEIC テストのパート 5 の問題文では、through 以外に、throughout も出題されます。throughout は「《場所》～の至る所に」という意味をもちます。

・The virus spread **throughout** the world.
　（そのウィルスは世界中に広まった）《場所》
・**throughout** the region
　（その地域中で）＊炎・第 79 問より抜粋

適切な意味の動詞を選ぶ問題です。英文を読んで、全体の意味を考えます。

「手頃な価格で幅広く〜ために、多くの小売店ではソーシャルメディアを通じて商売の宣伝をし始めている」という英文の「〜」部分にあたるのが( ) publicity です。

〜部分には「多くの人に知ってもらうために」といった意味の表現が入るのではと推測できます。(D)の gain「〜を得る」を入れれば、直訳すると「周知を得る」、意訳すると「多くの人に知ってもらう」となり、文意が通ります。

この問題が難しいのは、gain と publicity の意味を知っているだけでは正解できず gain と publicity をつなげて使えること、またその場合の大まかな意味をわからなければならないことです。少しフォーマルな表現ですが、最近はこのような問題も増えています。単語本で単語の意味を覚えるだけでは正解しづらい問題ですが、ビジネス関連の英文では見かける表現です。

このような問題を正解するには、日ごろから少しフォーマルな英文を読み、それぞれの使われ方に慣れなければなりません。

(A)permit「〜を許可する」、(B)diversify「〜を多様化する」、(C)elaborate「詳しく述べる」は publicity の前に置いて publicity とつなげて使うことはできませんし、文意も通りません。

In order to gain publicity / in an affordable and broad way, /
注目を集めるために　　　 / 手頃な価格で幅広く /

many retailers are turning / to promoting their businesses /
多くの小売店は取り掛かっています / 商売の宣伝をすることに /

through social media.
ソーシャルメディアを通じて

第26問

次の選択肢の中から正しいものを選びなさい。

Alicia Kona (　　) the career ladder in business consulting and became a partner in Price and Walker faster than any of her colleagues. （炎・第13問）

(A) predicted
(B) implemented
(C) ascended
(D) accomplished

ヒント！

Alicia Kona (　) the career ladder / in business consulting / and became a partner / in Price and Walker / faster than any of her colleagues.

単語の意味

career ladder……出世の道、昇進の階段
partner [pá:rtnər]……共同経営者
fast [fæst]……早く
colleague [ká:li:g]……同僚、仕事仲間

答え (C) ascended

訳

アリシア・コナさんはビジネスコンサルティングで出世し、同僚の誰よりも早くプライス・アンド・ウォーカーの共同経営者になりました。

構文解析

> Alicia Kona ascended the career ladder in business consulting and became a partner in Price and Walker faster than any of her colleagues.

Alicia Kona	ascended	the career ladder
S	V	O (名)

(in business consulting)	and	became	a partner
前+名	接	V	C (名)

(in Price and Walker faster than any of her colleagues).
　　前+名（会社名）　副詞の比較級+than+any of ...「…の誰よりも〜」

　SVO 文型と (S)VC 文型に含まれる V（動詞）2 つを等位接続詞の and が結びつけている文です。

　ここでは「比較級」について説明します。

FOCUS-38 ──[比較級]

　faster than any of her colleagues（同僚の誰よりも早く）に着目します。副詞 fast（早く）が faster になっています。これは「比較級」と呼ばれるものです。形容詞や副詞は「原級 − 比較級(-er) − 最上級 (the -est)」と変化させることで、比較（より〜）や最上（最も〜）の意味を帯びます。

fast を例に、比較変化を見ていきます。

fast の意味
【形】(時期が) 早い、(スピードなどが) 速い
【副】(時期が) 早く、(スピードなどが) 速く

fast は原級 fast – 比較級 faster – 最上級 the fastest と変化します。

《原級》

Alice is a **fast** runner. [形容詞] ＊直訳では「アリスは速い走者だ」
Alice runs **fast**. [副詞]
(アリスは速く走る)

《比較級》

Alice is a **faster** runner **than** I am. [形容詞]
Alice runs **faster than** I do. [副詞]
(アリスは私よりも速く走る)
→接続詞 than には「～よりも」という意味があり、形容詞や副詞の比較級のあとに続けます。接続詞なので than のうしろには「節」(＝ SV を含む 2 語以上のかたまり) がくるのが文法的には正しいのですが、話し言葉では than me のように、than のうしろに代名詞の目的格 (me) がくることもあります。

《最上級》

Alice is **the fastest** runner on the team. [形容詞]
Alice runs **(the) fastest** on the team. [副詞]
(アリスはチームの中で一番速く走る)
→副詞の最上級の場合は、the の省略が可能です。

　適切な意味の動詞を選ぶ問題です。適切な意味の動詞を選ぶ問題は語彙問題と同じで、英文を読んで、全体の意味を考えなければなりません。

　アメリカで仕事をした経験があったり、日ごろからビジネス関連の雑誌などを読んでいる人であれば、空欄直後の the career ladder をチェックしただけで正解は(C)の ascended だとわかります。

　ネイティブは「出世の道、昇進の階段」という意味で、日常的に career ladder という表現を使います。ascend「〜を登る」の過去形である(C)の ascended を入れれば「出世の階段を登った」という意味になるので、「アリシア・コナさんはビジネスコンサルティングで出世し」と文意が通ります。

　最近の TOEIC テストでは、5〜6年前までのテストと異なり、ビジネスの現場にいる人であれば日常的に使っているこのような表現も出題されています。ascend the career ladder という表現を知らなくても、直訳すれば「キャリアのはしご」なので、ascend が正解だとわかります。ascend の反対は descend で、descend も出題されています。一緒に覚えましょう。

　predict「〜を予測する」、implement「〜を実行する、実施する」、accomplish「〜を成し遂げる、仕上げる」の過去形である(A)predicted、(B)implemented、(D)accomplished では空欄直後の the career ladder とつながりません。

Alicia Kona ascended the career ladder /
アリシア・コナさんは出世の階段を登りました /

in business consulting / and became a partner /
ビジネスコンサルティングで / そして共同経営者になりました /

in Price and Walker / faster than any of her colleagues.
プライス・アンド・ウォーカーで / 同僚の誰よりも早くに

第27問

次の選択肢の中から正しいものを選びなさい。

The rapid increase in the price of material can be attributed (　　) to increases in transportation costs than to supply issues.

（炎・第119問）

(A)　even
(B)　more
(C)　yet
(D)　much

ヒント！

The rapid increase / in the price of material / can be attributed
(　)/ to increases / in transportation costs / than to supply
issues.

単語の意味

rapid [ræpɪd]	急速な、迅速な
increase in ～	～の増加
material [mətíəriəl]	材料、原料
attribute A to B	A の原因を B のせいにする
transportation cost	輸送費、運送費
supply [səplái]	供給（量）
issue [íʃuː]	問題、課題

訳

材料価格の急上昇は、供給の問題というよりも輸送コストの上昇によるものだといえます。

構文解析

> The rapid increase in the price of material can be attributed more to increases in transportation costs than to supply issues.

前の名詞を修飾

The rapid increase (in the price of material)
S　　　　　　　　　前＋名　　前＋名

前の名詞を修飾

can be attributed **more** (to increases in transportation costs
V　　　　　　副詞　　前＋名　　　　前＋名

than to supply issues).
接　　前＋名

　SV 文型の文です。A is/are attributed to B「A の原因は B である」の to B の部分が more B_1 than B_2 のように比較されていることに注意しましょう。

　ここでは「比較級　more A than B」について説明します。

FOCUS-39 ──[比較級　more *A* than *B*]

more *A* than *B* という比較表現は、**「*B* というより、むしろ *A*」**の意味で使われることがあります。*A* と *B* には文法的に同等のものがきます。次の文では、形容詞（lucky）と形容詞（diligent）がきています。

He is **more** lucky **than** diligent.
（彼は勤勉というより、幸運なのだ）

「彼」と「他者」の比較ではなく、「彼」という同一人物内での比較であるということに注意しましょう。この場合、lucky は luckier にせずに more lucky とします。対して、「彼」と「他者」の比較の場合は、次のように luckier を使います。

He is **luckier than** I am.／He is **luckier than** me.
（彼は私よりついている）

なお、more *A* than *B* は、***A* rather than *B*** でも書き換えられます。

He is **more** lucky **than** diligent.
↓
He is lucky **rather than** diligent.
（彼は勤勉というより、幸運なのだ）

比較の問題です。

この問題を解くには、まず attribute A to B「A の原因を B のせいにする」というイディオムを知らなくてはなりません。この英文では、A (can) be attributed to B という受動態として使われているので、「A は B が原因である」という意味になります。

この英文では、A にあたる部分が、主語の The rapid increase in the price of material「材料価格の急騰」です。原因である B にあたるのが (to) increases in transportation costs than (to) supply issues「供給の問題よりも輸送コストの上昇」部分です。

この原因部分では、increases in transportation costs「輸送コストの上昇」と supply issues「供給の問題」との間に比較を表す than「～よりも」があるので、どちらが原因として大きいのかを比較しているとわかります。したがって、空欄には比較級である (B) の more を入れればいいとわかります。

The rapid increase / in the price of material /
急速な上昇は / 材料価格における /

can be attributed more /
より原因がある /

to increases / in transportation costs /
上昇に / 輸送コストにおける /

than to supply issues.
供給の問題というよりも

第28問

次の選択肢の中から正しいものを選びなさい。

As soon as the budget has been approved, the processing plant will replace the current conveyor belt system (　　) a more efficient one.

(炎・第64問)

(A) between
(B) from
(C) with
(D) onto

ヒント！

As soon as the budget has been approved, / the processing plant / will replace / the current conveyor belt system /(　　) a more efficient one.

単 語 の 意 味

as soon as ～ ······················ ～するとすぐに
budget [bʌ́dʒət] ······················ 予算、予算案
approve [əprúːv] ······················ ～を承認する、許可する
processing plant ················· 加工工場、処理工場
replace [rɪpléɪs] ······················ ～を交換する、取り換える
current [kə́ːrənt] ······················ 現在の
efficient [əfíʃənt] ······················ 効率的な、効果的な

訳

予算が承認され次第、加工工場では現在のベルトコンベヤーをより効率的なものに交換します。

構文解析

> As soon as the budget has been approved, the
> processing plant will replace the current conveyor
> belt system with a more efficient one.

従属節

[**As soon as** the budget has been approved,]
　接　　　　　　　S'　　　　　V'

主節

the processing plant | will replace | the current conveyor
　　　　S　　　　　　　　　V　　　　　　　O（名）

　　　　　　　　修飾　　　修飾

belt system (with a more efficient **one**).
　　　　　　　前＋冠＋副＋形＋代

↑ one = conveyor belt system

　SVO 文型の文です。as soon as（～するとすぐに）が導く従属節は主節を修飾しています。

　ここでは比較級を表す「more＋形容詞」と「代名詞としての one」について説明します。

FOCUS-40 ──[比較級　ｍｏｒｅ ＋形容詞]

　more efficient one（より効率的なもの）のところで使われ
ている more に着目しましょう。第26問の問題文では、副
詞 fast の比較級 faster が出てきました。これは原級 fast に
-er がつく形でした。

> 26. Alicia Kona ascended the career ladder in business
> consulting and became a partner in Price and Walker
> **faster** than any of her colleagues.

　しかし、単語の形を変える以外に、単語の前に more/the
most をつけて比較級・最上級をつくるケースがあります。2
音節以上の単語は、基本的に more/the most を前につけま
す。
＊ simple（簡単な）のように2音節でも、simple – simpler – simplest と変化す
る単語も一部あります。

vi・tal（不可欠な）→ 2音節
more vital（比較級）— the most vital（最上級）となる。

ef・fi・cient（効率的な）→ 3音節
more efficient（比較級）— the most efficient（最上級）とな
る。

> **the most challenging** issue（＊炎・第1問より抜粋）
> → 3音節(chal・leng・ing) からなる単語のため、the
> most が前についている。

FOCUS-41 ── 代名詞としての one

with a more efficient one（より効率的なものに）のところ
で使われている one に着目します。one は数字の「1」とい
う意味以外にも、いろいろな役割があるのです。具体的には
「名詞」「形容詞」「代名詞」としての役割があります。

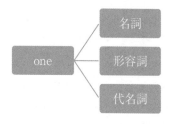

《名詞》「(数字の) 1、1個、1人」

She is **one** of the best doctors I have ever met.
（彼女は私が今まで出会った中で最良の医者の1人です）

《形容詞》「1つ［個、人］の〜；ある〜、いつかの〜」

One day you will realize this.
（いつの日か、あなたはこのことを実感するでしょう）

《代名詞》「(一度出てきた名詞の代わりに使って) 〜なもの」

I'm looking for a bookshelf. Do you have a bigger
one?
（書棚を探しています。より大きなものはありますか）
→1文目に出てきた名詞 bookshelf の代わりに one が使われている。

These shoes are a bit small. Do you have bigger
ones?
（この靴はちょっと小さいです。大きいものはありますか）
→1文目に出てきた名詞 shoes の代わりに ones が使われている。この

ように複数形の単語を受ける場合は ones となる。

　一度出てきた単語の代わりに、代名詞の it を使うこ
ともあります。しかし、one が既出の名詞と同種のもの
のうちの「不特定のもの」を指すのに対して、it は「特
定のもの」を指します。

　A：I bought a new tablet.（新しいタブレット買ったよ）
　B：Can I see **it**?（それ見せてもらえる？）
→ it は A が購入した新しいタブレットを指している。不特定のタブレッ
トではない。

　問題文の a more efficient one のところで使われているの
は、「代名詞」としての one です。一度出てきた名詞
conveyor belt system（ベルトコンベヤー）の代わりに使わ
れています。

　本書で取り上げた 50 問には含まれていませんが、『炎の千
本ノック！』第 4 問は、「代名詞」としての one が含まれる
英文です。if 節の中に出てきた名詞 seminar の代わりに、代
名詞の one が使われています。

If you would rather not drive to Halton to attend the
seminar, there will be another **one** held next month right
here in Oxford.　　　　　　　　　　　　　　（炎・第 4 問）
（セミナーに出席するのにハルトンまで運転したくないのであれば、
来月ちょうどここここオックスフォードで開催されるのがあります）

前置詞の問題です。

選択肢にはさまざまな前置詞が並んでいるので、前置詞の問題だとわかります。

前置詞の問題の場合、空欄前後をチェックするだけで解けるものもありますが、この問題は少し長めに英文を読まなければなりません。

「予算が承認され次第、加工工場では今のベルトコンベヤーをより効率的なもの〜交換する」という意味の英文の、この「〜」部分に入れて文意が通る前置詞はどれかを考えます。

この英文の動詞は replace です。**replace A with B で「A を B と交換する」**という意味になるので、with を入れれば、「現在のベルトコンベヤーをより効率的なものに交換する」となり、文意が通ります。(C)の with が正解です。

動詞 replace「〜を交換する、取り換える」や、その名詞である replacement「交換、交換品、交代要員」も語彙問題として出題されます。一緒に覚えましょう。

As soon as the budget has been approved, /
予算が承認され次第 /

the processing plant / will replace /
加工工場は / 交換します /

the current conveyor belt system / with a more efficient one.
現在のベルトコンベヤーを / より効率的なものに

第29問

次の選択肢の中から正しいものを選びなさい。

Employees are allowed to use any computer they like, but all devices must be (　　) with all of the software used by the company.

（炎・第82問）

(A) familiar
(B) renowned
(C) compatible
(D) demonstrated

ヒント！

Employees are allowed / to use any computer / they like, / but / all devices / must be (　) / with all of the software / used by the company.

単 語 の 意 味

employee [ɪmplɔ́ːiː]················· 従業員、会社員
allow [əláu]······························ ～が（～するのを）許可する、認める
device [diváɪs]························· 機器、装置

答え (C) compatible

難易度… ★★★☆☆

訳

従業員は自分の好きなコンピューターを使うことができますが、全ての機器は会社で使用される全ソフトウエアと互換性がなければなりません。

構文解析

> Employees are allowed to use any computer they like,
> but all devices must be compatible with all of the
> software used by the company.

目的格の関係代名詞 that が省略されている
↓

Employees｜are allowed｜to use any computer [* they like],
　S　　　　　V　　　　O（不定詞）　　　　（that）S' V'

過去分詞＋語句が
うしろから software を修飾

but｜all devices｜must be｜compatible｜(with all of the software
接　　　S　　　　V　　　C（形）　　　　前＋代＋前＋名

used by the company).
過去分詞＋前＋名

　SVO（不定詞）と SVC（形）を等位接続詞 but が結びつけている文です。

　ここでは「all の用法」と「any の用法」について説明します。

FOCUS-42 ──[形容詞・不定代名詞の all]

　問題文では all が 2 箇所に登場します。**all** devices（全ての装置）のところでは形容詞として、**all** of the software（全ソフトウェア）のところでは不定代名詞として機能しています。all は 3 つの品詞として働く語です。

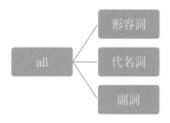

《形容詞》「全ての〜、全部の〜」

　　The workshop ran **all** day.
　　（そのワークショップは 1 日中続いた）
　→うしろにくる名詞 day を修飾している。

《代名詞》「全て、全部」

　　All of the employees attended the workshop.
　　（全従業員がそのワークショップに参加した）
　→「all of the ＋名詞」で「〜の全て［全員］」の意味。

《副詞》「全く、すっかり」

　　I want to travel **all** over the world.
　　（私は世界中を旅したい）

　本書で取り上げている次の問題文（第 1/34 問）でも、「形容詞」しての all が登場しています。

1. While Donna Gibson is away on a business trip next week, Dongmei Xi has authority to approve **all** requests related to the project.

34. In an effort to reduce spending, the company considered it necessary to suspend **all** overseas travel unless permitted by board members.

　また、本書で取り上げた50問には含まれていませんが、『炎の千本ノック！』第61問は、「副詞」としての all が含まれる英文です。併せて学習しましょう。

Agreement from local businesses has allowed the town council to approve free parking **all** along Main Street.
（地元企業の合意があったので、町議会はメイン・ストリート沿い全てを無料駐車にすることを許可できました）　　　　　　　　（炎・第61問）

FOCUS-43 ── [形容詞としての any]

　use **any** computer（どんなコンピューターを使う）で使われている any に着目しましょう。ここでの any は形容詞で、「どんな〜でも」という意味で使われています。any は肯定文、否定文、疑問文で意味合いが変わってくるので注意が必要です。

《肯定文》「どんな〜でも」
　　Any feedback is welcome.
　　（どんなご意見でも歓迎いたします）

《否定文》「少しの〜もない、何の〜もない」
　　I don't have **any** questions at the moment.
　　（現時点では何も質問はありません）

《疑問文》「いくらかの〜、何らかの〜」

Do you have **any** questions?
（何かご質問がありますか）

　本書で取り上げている次の問題文（第 14/15 問）でも、「形容詞としての any」が登場しています。併せて学習しましょう。

14. If online retailers want to succeed in the current environment, it is necessary to provide timely responses to **any** questions or concerns customers may have.

15. The main responsibility for workers in quality control is to check all products for **any** possible flaws before items are packaged.

イディオムの問題です。選択肢にはさまざまな形容詞が並んでいます。したがって、どの形容詞であれば文意が通るかを考えなければならない問題だとわかります。

コンマまでの主節で「従業員は自分の好きなコンピューターを使うことが許可されている」と言っていて、but に続く従属節で「全ての機器は会社で使用される全ソフトウエアと〜でなければならない」と言っています。「〜」部分に入れて文意が通るのは何かを考えます。

空欄前が be 動詞で、空欄後が前置詞の with です。ここから正解は(A)の familiar「精通している」か、(C)の compatible「互換性のある」のどちらかだとわかります。but に続く節の主語が all devices と「人」ではないので familiar は使えないとわかります。(C)の compatible であれば、文意が通ります。**be compatible with 〜は「〜と互換性がある、〜に適合する」という意味でよく使われるイディオム**です。

(B)の renowned「名高い」が正解であれば、空欄直後は with ではなく for になるはずです。(D)demonstrated「証明された」では文意が通りません。

Employees are allowed / to use any computer /
従業員は許されている / どんなコンピューターを使うことも /

they like, / but / all devices /
彼ら(=従業員)が好む / しかし / すべての機器は /

must be compatible / with all of the software /
互換性がなければならない / 全ソフトウェアと /

used by the company.
会社によって使用される

第30問

次の選択肢の中から正しいものを選びなさい。

As a (　) to hotel guests, the parking fee is now included in the daily room rate so there is no longer an additional charge.

(炎・第102問)

(A) courteously

(B) courteousness

(C) courteous

(D) courtesy

ヒント！

As a (　) / to hotel guests, / the parking fee / is now included / in the daily room rate / so / there is no longer / an additional charge.

単語の意味

parking fee	駐車料金
be included in 〜	〜に含まれている
daily [déili]	毎日の
rate [réit]	料金
no longer 〜	もはや〜ない
additional [ədíʃənl]	追加の
charge [tʃá:rdʒ]	料金、手数料、使用料

答え (D) courtesy

訳

ご宿泊のお客様のために、駐車料金は毎日の客室料金に組み込まれることになり、追加料金はなくなりました。

構文解析

> As a courtesy to hotel guests, the parking fee is now included in the daily room rate so there is no longer an additional charge.

(As a courtesy to hotel guests),
　前＋名　　　　　前＋名

主節

the parking fee is now included (in the daily room rate)
　　S　　　副　V　　　　　前＋名

主節

↓接続副詞 so

so there is no longer an additional charge.
副詞 V　　　　　　　　　S

　SV 文型の文を「接続副詞」の so がつないでいます。ここでは「as の用法」について説明します。

FOCUS-44 ――[前置詞／接続詞としての as]

　as a courtesy（礼儀として）で使われている as に着目します。この問題文では「前置詞」として使われていますが、パート5の問題文を理解するには、as の「前置詞」「接続詞」、どちらの用法も知っておく必要があります。

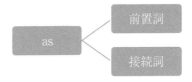

《前置詞》「〜として」

He works **as** a pharmacist.
（彼は薬剤師として働いている）
→前置詞のうしろには、名詞が続くのが基本です。

《接続詞》「《時》〜につれて」「《理由》〜なので」

《時》

As I got older, I came to see that time is precious.
（大人になるにつれて、時間は貴重だとわかるようになった）

《理由》

As the deadline is just around the corner, we need to hurry.
（締め切りが近づいてきたので、急ぐ必要がある）
→接続詞のうしろには「節」（= SV を含む 2 語以上のかたまり）がきます。接続詞が導く節は従属節となり、主節を修飾します。

　本書で取り上げた 50 問には含まれていませんが、『炎の千本ノック！』第 133 問は、「接続詞としての as」が含まれる英文です。

Cole College has increased its student base by over 50%
as it provides a wide variety of training in areas not
offered at other institutions.　　　　　　　　（炎・第 133 問）
（コール・カレッジでは他の教育機関では見られないさまざまな分野でのトレーニングを提供しているので、生徒数が 50 パーセント以上増えました）

　名詞の問題です。

　選択肢に似た形の単語が並んでいるので、品詞問題かもしれないと考えます。品詞問題の場合、空欄前後が重要になります。

　空欄前が冠詞のaで、空欄後は to hotel guests と〈前置詞＋名詞句〉になっています。〈前置詞＋名詞句〉は修飾語なので、この部分をカッコでくくると、a（　）の空欄部分にどの品詞を入れればいいか、という問題だとわかります。

　冠詞の後ろには名詞が続きます。名詞は(B)の courteousness「礼儀正しさ」と(D)の courtesy「礼儀」だけです。
　as a courtesy to ～は「礼儀として」となるはずなので、(D)の courtesy が正解です。as a courtesy to ～は「～に対する礼儀として、～に対する礼儀上」という意味で頻繁に使われる慣用表現です。この表現を知っていれば、1秒で解答できる問題です。
　冠詞と前置詞の間には名詞が入る、という点を問う問題は時々出題されます。

As a courtesy / to hotel guests, / the parking fee /
礼儀として / ご宿泊のお客様へ / 駐車料金は /

is now included / in the daily room rate /
今では含まれます / 毎日の客室料金に /

so / there is no longer / an additional charge.
それで / もはや～はありません / 追加料金

第31問

次の選択肢の中から正しいものを選びなさい。

It is the manager's (　　) to ensure that evaluations are submitted by May 31 so that they can be thoroughly reviewed by the human resources department.

(炎・第107問)

(A) permission

(B) expertise

(C) understanding

(D) responsibility

ヒント！

It is the manager's ( ) / to ensure / that evaluations are submitted / by May 31 / so that they can be thoroughly reviewed / by the human resources department.

単 語 の 意 味

ensure [ɪnʃʊ́ər]·····························～を確かにする、確実にする
evaluation [ɪvæ̀ljuéɪʃn]······················評価、評定
submit [səbmít]······························～を提出する
so that ～ can ...······························～が…できるように
thoroughly [θə́ːrouli]·························十分に、完全に、徹底的に
review [rɪvjúː]·······························～を見直す、精査する
human resources department···人事部

訳

人事部が十分に精査できるよう、5月31日までに（人事）評価が提出されることを確認するのはマネージャーの職務です。

構文解析

> It is the manager's responsibility to ensure that evaluations are submitted by May 31 so that they can be thoroughly reviewed by the human resources department.

主節

It is the manager's responsibility
S V   C（名）
↑形式主語の it

to ensure that evaluations are submitted by May 31
不定詞　名詞用法（〜すること）
↑真の主語

従属節　　↓ they = evaluations

[so that they can be thoroughly reviewed
　　　　　 S'　　　　副　　　　V'

by the human resources department].
　　　　前＋名

　SVC 文型の文です。S には形式主語の it がきており、真の主語は to 不定詞以下の部分（to 〜 May 31）です。

　ここでは「前置詞としての by」について説明します。

FOCUS-45 ──[前置詞 by]

by May 31（5月31日までに）と **by** the human resources department（人事部によって）に共通する by に着目します。by は非常にたくさんの意味を持つ前置詞です。主要な意味はぜひおさえておきましょう。

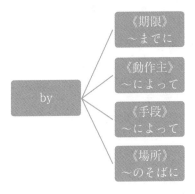

by
- 《期限》 〜までに
- 《動作主》 〜によって
- 《手段》 〜によって
- 《場所》 〜のそばに

《期限》〜までに

Your package will be delivered **by** noon.
（あなたのお荷物は正午までには配達されます）

→ by はある時間までに動作が完了することを表すのに対して、until は動作が継続することを表します。日本語訳に惑わされないようにしましょう。

比較

The discussion continued **until** noon.
（議論は正午まで続いた）

《動作主》〜によって

The company was founded **by** his father.
（その会社は彼の父によって設立されました）

→受動態の文で見られる使い方です。

《手段》〜（すること）によって

They came here **by** train.
（彼らは電車でやってきた）

Please download the application **by** clicking on the link.
（リンクをクリックして申込用紙をダウンロードしてください）

→ 「by＋動名詞」の形にすることで、前置詞のうしろに動詞をおくことができます。

《場所》〜のそばに

There was a fire **by** my house.
（自宅のそばで火事があった）

本書で取り上げた50問には含まれていませんが、『炎の千本ノック！』の問題文にはさまざまな前置詞が登場しています。併せて学習しましょう。

「《場所》〜で」を表す at

In order for the manufacturer's warranty to remain valid, all regular maintenance must be done **at** a certified dealer.

（炎・第91問）

（メーカー保証の有効性を保つため、全ての定期点検はメーカー公認店で行う必要があります）

「《期限》〜までに」を表す by

Tech Talk Magazine will review our new XY-7 printer at the end of next week, so it is essential that it be functioning reliably **by** then.

（炎・第124問）

（テック・トーク・マガジンが来週末、当社の新製品 XK-7 型プリンターのレビューをするので、それまでに同製品が確実に機能していることが肝心です）

「《手段》〜によって」を表す by＋動名詞

Arrangement of shipments that need to be expedited can be made **by** clicking on the 'Send-It-Express' tab on our Web site.

(炎・第 33 問)

(当社ホームページの「急ぎで配達」のタブをクリックしていただければ、急を要する出荷の手配が可能です)

「《責任》〜に対して」を表す for

The hotel management offered a 25% discount throughout the construction period to compensate guests **for** any inconvenience they may experience.

(炎・第 37 問)

(ホテル側は、利用者へ迷惑をかける埋め合わせとして、工事期間中は 25 パーセントの割引を申し出ました)

「《出所》〜からの」を表す from

Agreement **from** local businesses has allowed the town council to approve free parking all along Main Street.

(炎・第 61 問)

(地元企業の合意があったので、町議会はメイン・ストリート沿い全てを無料駐車にすることを許可できました)

「《関連》〜に関する、〜についての」を表す on

The meeting **on** new sales strategies will commence as soon as the guest speaker arrives from the airport.

(炎・第 65 問)

(ゲストスピーカーが空港から到着次第すぐに、新しい販売戦略に関する会議が始まります)

語彙問題です。

語彙問題は英文を読み、全体の意味を考えなければなりません。

文頭の It は形式主語で、本当の主語は to 以下なので「to 以下はマネージャーの〜だ」となります。

to 以下では「人事部が十分に精査できるよう、5月31日までに（人事）評価が提出されることを確認すること」と言っています。したがって、「人事部が十分に精査できるよう、5月31日までに（人事）評価が提出されることを確認するのはマネージャーの〜だ」という意味になるはずです。この「〜」部分に何を入れれば文意が通るのかを考えます。

（D）の responsibility「職務、職責」であれば「マネージャーの職務だ」となり、文意が通ります。responsibility には誰もが知っている「責任」という意味以外に「職務、職責」という意味があり、ビジネス関連の英文ではよく使われます。

（A）permission「許可」、（B）expertise「専門知識」、（C）understanding「理解」では文意が通りません。

スラッシュリーディング

It is the manager's responsibility / to ensure /
マネージャーの職務です / 〜を確実にすることは /

that evaluations are submitted / by May 31 /
評価が提出されること / 5月31日までに /

so that they can be thoroughly reviewed /
それら（＝評価）が十分に精査されるように /

by the human resources department.
人事部によって

第32問

次の選択肢の中から正しいものを選びなさい。

The town council voted unanimously (　　) the approval of the Thomas Hicks building to be restored and reopened as a historical site. (炎・第6問)

(A) with

(B) in

(C) of

(D) for

ヒント！

The town council / voted unanimously / (　) the approval / of the Thomas Hicks building / to be restored / and reopened / as a historical site.

単語の意味

town council·······························町議会
vote [vóut]·································投票する、投票で決める
unanimously [ju(:)nǽnəməsli]···全会一致で、満場一致で
approval [əprúːvl]·····················承認
restore [rɪstɔ́ːr]·························～を修復する
historical site·····························歴史上有名な場所、名所旧跡、史跡

難易度… ★★★☆☆

訳

町議会はトーマス・ヒックスビルを修復し、歴史的建造物としてオープンし直すことを全会一致で承認しました。

構文解析

> The town council voted unanimously for the approval of the Thomas Hicks building to be restored and reopened as a historical site.

The town council | voted | unanimously
S   V   副

修飾

(for the approval of the Thomas Hicks building
前＋名   前＋名

↓ * の箇所に be が省略されている

to be restored and * reopened as a historical site).
不定詞 受動態 接   受動態   前＋名

   SV 文型の文です。文全体の S（主語）と V（動詞）は容易に見抜けるはずです。しかし、動詞 voted の直後にunanimously（全会一致で）という副詞が続くことが、votefor ...（〜に賛成の票を投じる）のつながりを見えにくくしています。

   ここでは「等位接続詞 and」の用法について説明します。

FOCUS-46 ───[　　等位接続詞 and　　]

　be restored and reopened のところで使われている and に着目しましょう。and は「語と語」「句と句」「節と節」のように文法的に同じレベルのものを結びます。ここでは、「be動詞＋過去分詞」が and で結ばれていることに注目しましょう。もともとは

---

be restored
and
<u>be</u> reopened

だったのですが、and のうしろの be 動詞が同じ語の繰り返しを避けるため省略されています。そのため文の構造がわかりにくくなっています。

　なお、the approval of *A* to *be done* は「A が〜されることの承認」という意味になります。the approval of the Thomas Hicks building to be restored and reopened までを直訳すると、「トーマス・ヒックスビルが修復され、再びオープンされることの承認」となります。

　本書で取り上げている次の問題文でも、等位接続詞が登場します。併せて学習しましょう。

---

4. Most critics agree that Gateway's latest line of smartphones is impressive, **but** sales will be weak until they become more affordable.

---

7. Readers are reminded that the contents of this book remain the exclusive property of the writer **and** may not be copied without prior consent from Alpha Publications.

　前置詞の問題です。選択肢にはさまざまな前置詞が並んでいるので前置詞の問題だとわかります。前置詞の問題の場合、少し長めに英文を読まなければならない場合もありますが、この問題は空欄前後をチェックするだけで解けます。

　The town council voted unanimously（　）the approval 部分をチェックします。空欄の少し前に vote「**投票する、投票で決める**」という意味の動詞があり、この動詞が大きなヒントになります。また、空欄直前に置かれた unanimously「**全会一致で、満場一致で**」もヒントになります。unanimously とあるので「全会一致で賛成する」という意味になるのではないかと推測できます。

　前置詞の for には「〜に賛成で」という意味があり、**vote for 〜で「〜に賛成の投票をする」という意味になります**。したがって、(D)の for が正解です。

　会議などでよく使われる言い方に、for or against「賛成か反対か」があります。テレコンなどで会議に参加している人は、英語力が高くなくてもピンとくる問題です。

　unanimously「全会一致で、満場一致で」は適切な意味の副詞を問う問題としても出題されます。

The town council / voted unanimously / for the approval /
町議会は / 全会一致で投票しました / 承認することに賛成で /

of the Thomas Hicks building / to be restored /
トーマス・ヒックスビルが / 修復され /

and reopened / as a historical site.
再びオープンされることに / 歴史的建造物として

第33問

次の選択肢の中から正しいものを選びなさい。

Before the high-speed lift begins (　　), a chime sounds for a few seconds so that people can prepare themselves.

(炎・第85問)

- (A) descending
- (B) descendant
- (C) descended
- (D) to be descending

ヒント！

Before the high-speed lift begins (　), / a chime sounds / for a few seconds / so that people can prepare themselves.

単 語 の 意 味

chime [tʃáim] ⋯⋯⋯⋯⋯⋯⋯⋯⋯ チャイム
sound [sáund] ⋯⋯⋯⋯⋯⋯⋯⋯ 鳴る
so that A can ～ ⋯⋯⋯⋯⋯ A が～できるように

訳

人々が心構えができるよう、高速リフトが降下を始める前に数秒チャイムが鳴ります。

構文解析

> Before the high-speed lift begins descending, a chime sounds for a few seconds so that people can prepare themselves.

従属節
[Before | the high-speed lift | begins | descending],
　接　　　　　S'　　　　　V'　　　O'（動名詞）

主節
a chime | sounds (for a few seconds)
　S　　　　V　　　　前＋名

従属節
[so that | people | can prepare | themselves].
　　　　　　S'　　　　V'　　　　O'（再帰代名詞）

　SV 文型の文です。接続詞 before が導く節が従属節として、主節を修飾しています。主節のあとには、so that A can do（A が〜できるように）という「目的」を表す表現が続いています。

　ここでは「before の用法」と「再帰代名詞」について説明します。

FOCUS-47 ── [接続詞としての before]

　文頭の Before the high-speed lift begins descending のところに着目しましょう。before には、「副詞」「前置詞」「接続詞」の用法があります。ここでは「接続詞」として働き、うしろに「節」（＝ SV を含む 2 語以上のかたまり）を導いています。

●比較！

before には 3 つの側面があります。

《副詞》以前に

　I have worked there **before**.
　（私は以前そこで働いたことがある）
　→ここでの副詞 before は動詞を修飾しています。

《前置詞》〜の前に

　I submitted my application **before** the deadline.
　（締め切り前に私は申込用紙を提出した）
　→前置詞の場合、うしろには名詞や動名詞がきます。

《接続詞》〜する前に

　Wash your hands **before** you enter the room.
　（部屋に入る前に手を洗うように）
　→接続詞の場合、うしろには「節」（＝ SV を含む 2 語以上のかたまり）がきます。

本書で取り上げた次の問題文（第15問）でも、接続詞としての before が登場します。併せておさらいしておきましょう。

> 15. The main responsibility for workers in quality control is to check all products for any possible flaws **before** items are packaged.

FOCUS-48 ──[　　　　再 帰 代 名 詞　　　　]

　people can prepare themselves のところで使われている再帰代名詞 themselves に着目します。再帰代名詞とは代名詞の語尾に -self/-selves をつけたもので、「〜自身」という意味です。

人称	数・性	主格	所有格	目的格	所有代名詞	再帰代名詞
一人称	単数	I	my	me	mine	myself
	複数	we	our	us	ours	ourselves
二人称	単数	you	your	you	yours	yourself
	複数	you	your	you	yours	yourselves
三人称	単数・男性	he	his	him	his	himself
	単数・女性	she	her	her	hers	herself
	単数・中性	it	its	it		itself
	複数	they	their	them	theirs	themselves

　再帰代名詞の使い方には2パターンあります。

①動詞の目的語になる

　S（主語）が行う（V＝動詞）ことが再びSに帰ってくる、つまり、SとOが同一の人物・モノを指すときに、Oには再帰代名詞を用います。問題文はこのパターンです。

Could you please introduce **yourself**?
（自己紹介をお願いできますか）

比較　⌐—————————— ≠ ——————————⌐

Could you please introduce him?
（彼のことを紹介してもらえますか）
→ＳとＯが一致しないときは、Ｏには目的格を使います。

②強調

「（ほかでもない）〜自身が」という意味を強調するときにも
用います。

She did it **herself**.
（彼女自らがそれをしたのです）

動名詞の問題です。

他動詞の後ろに動詞の働きをする語を置く場合、後ろに動名詞しか取れないもの、不定詞しか取れないもの、動名詞、不定詞の両方が取れるものがあります。

さらに、begin や start のように動名詞と不定詞の両方が取れて意味が同じもの、forget や remember のように両方が取れて意味が異なるものがあります。

空欄前は他動詞 begin です。後ろに動詞の働きをする語を置く場合、to 不定詞も動名詞も両方とれて意味も同じです。

(A)descending は動名詞です。(D)to be descending は to 不定詞が使われてはいますが、後ろが進行形になっています。「～し始める」という意味で後ろに to 不定詞を置く場合には、to descend と、to の後ろは動詞の原形でなければなりません。したがって、正解は(A)の descending だとわかります。
ちなみに、descend は「下る、降りる」という意味の動詞です。descend の反対は ascend「上がる、登る」で、ascend は「適切な意味の動詞を選ぶ問題」として出題されています。

Before the high-speed lift begins descending, /
高速リフトが降下を始める前に /

a chime sounds / for a few seconds /
チャイムが鳴ります / 数秒間 /

so that people can prepare themselves.
人々が心構えができるように

第34問

次の選択肢の中から正しいものを選びなさい。

In an effort to reduce spending, the company considered (　　) necessary to suspend all overseas travel unless permitted by board members.

（炎・第68問）

- (A) them
- (B) it
- (C) that
- (D) ours

ヒント！

In an effort / to reduce spending, / the company considered (　) necessary / to suspend all overseas travel / unless permitted / by board members.

単　語　の　意　味

in an effort to 〜 ·················〜しようと努力して
reduce [rɪd(j)úːs, rə-] ··············〜を削減する
spending [spéndɪŋ] ················支出、出費
consider [kənsídər] ···············〜と考える、考察する
suspend [səspénd] ················〜を保留する、一時停止する
permit [pərmít] ·······················〜を許可する、認める
board members ····················取締役、役員会のメンバー

答え (B) it

難易度… ★★★★☆

訳

支出を削減するため、その会社では役員が許可しない限り、全ての海外出張を差し控えることが必要だと考えました。

構文解析

> In an effort to reduce spending, the company considered it necessary to suspend all overseas travel unless permitted by board members.

名詞 effort を修飾

(In an effort to reduce spending),
　前＋名　　不定詞　形容詞用法

主節

the company	considered	it	necessary	to suspend all
S	V	O	C	不定詞
		↑形式目的語		（＝真の目的語）

従属節　　↓〔　〕部分に it is が省略されている

overseas travel [unless [it is] permitted by board
　　　　　　　　　　接　　S'　V'　　　　　　前＋名
members].

　SVOC 文型の文です。O の場所に「形式目的語 it」が使われていることに注意しましょう。形式目的語は、第5文型のSVOC の O の位置に不定詞や that 節をおく形がないため、いったん it を形式的に O の位置に入れておいて、C のうしろに「真の目的語」を置く用法です。接続詞 unless のうしろには、「主語＋be 動詞」が省略されています。

　ここでは「unless の用法」と「接続詞のうしろの『主語＋
be 動詞』の省略」について説明します。

FOCUS-49 ──[　従属接続詞 unless　]

　unless permitted のところで使われている接続詞の unless
に着目しましょう。unless は「否定」の意味を含む接続詞
で、「もし〜しなければ」という「条件」を表します。if ...
not で言い換えが可能です。

I can't help you **unless** you tell me the truth.
= I can't help you **if** you do**n't** tell me the truth.
（真実を言ってくれなければ、あなたを助けることはできません）

　なお、「条件」を表す if 節と同様に、unless が導く節の中
でも、未来のことは現在形で表します。

　本書で取り上げた 50 問には含まれていませんが、『炎の千
本ノック！』第 36/116 問は、「条件」を表す if 節が含まれる
英文です。併せて学習しましょう。

If you **are** in need of any technical assistance when
setting up a device, you can contact a customer service
agent directly at 888-555-0100.　　　　　　（炎・第 36 問）
（機器をセットアップする際にテクニカルサポートが必要な場合は、
888-555-0100 で顧客サービス担当者に直接連絡を取ることができま
す）

If there **are** no flight delays in San Francisco, Ms. Evans
is expected to return to Atlanta no later than noon on
Friday.　　　　　　　　　　　　　　　　　（炎・第 116 問）
（サンフランシスコで飛行機の遅れがなければ、エバンズさんは金曜
の正午までにアトランタに戻る予定です）

　問題文で、《接＋現在分詞（-ing形）》や《接＋過去分詞（-ed形）》の形が出てきたら、要注意です。接続詞のうしろに、文全体の主語と同一の主語と be 動詞がくると、その《主語＋be動詞》は省略可能です。

　「期間」を表す接続詞 while（〜する間に）を使った文を例に、比較しましょう。

While Mary was strolling in the park, she met her friend by chance.
（メアリーは公園で散歩中に、たまたま友人に会った）

　上記の文では、文全体の S（She）が Mary と一致していて、うしろに be 動詞（was）が来ているので、省略することができます。
↓
While strolling in the park, Mary met her friend by chance.

　be 動詞は現在分詞（-ing形）と組み合わせて「進行形」を、過去分詞（-ed形）と組み合わせて「受動態」をつくります。《主語＋be動詞》が省略されると、while strolling や unless permitted のように、接続詞の直後に現在分詞や過去分詞が続く形になります。もともとは進行形や受動態であったことに気づけるようになりましょう。

　なお、問題文の省略は少し特殊な例で、主節の主語は the company であるのに対して、省略されている従属節の部分の主語 it は主節部分の目的語である all overseas travel（全ての海外出張）を指していると考えられます。つまり、主節の主語と同一ではないわけです。接続詞 unless のうしろの「主語＋be動詞」は慣用的に省略されるケースがあります。たとえば、unless stated（記述がない限り）や unless otherwise noted（特に断りがない場合）といった慣用表現があります。unless permitted（許可されない限り）も慣用表現のひとつとして知っておきましょう。

　本書で取り上げている次の問題文（第11問）にも、接続詞のうしろの「主語＋ be 動詞」の省略が登場します。併せて学習しましょう。

---

11. As of October 15, employees must notify their immediate supervisor **when taking** laptops or other devices from the premises.

代名詞の問題です。

選択肢には代名詞が並んでいます。どの代名詞を入れればい
いか考えます。

文頭からコンマまでの In an effort to reduce spending「支出
を削減するために」部分は副詞句です。
　この英文の主語は the company で、動詞が considered で、
空欄に目的語が入り、補語が形容詞の necessary で、[S(主語)
+V(動詞)+O(目的語)+C(補語)] という第5文型になって
います。さらにその後ろに to suspend all overseas travel「全
ての海外出張を差し控えること」と to 不定詞が続いています。
　S+V+O+Cの文で、目的語に to 不定詞や that 節を使うと
動詞と目的語が離れてしまい、文の構造がわかりにくくなるの
で形式目的語の it を目的語の場所に置き、本当の目的語であ
る to 不定詞や that 節を補語の後ろに続けます。正解は(B)の
it です。

　本当の目的語は to ～なので、the company considered (　)
necessary to suspend all overseas travel 部分は「会社は to ～
することが必要であると考えた」という意味になります。

In an effort / to reduce spending, /
努力の中で / 支出を削減するための /

the company considered it necessary /
その会社はそれが必要だと考えました /

to suspend all overseas travel /
全ての海外出張を差し控えること /

unless permitted / by board members.
許可されない限り / 役員によって

第35問

次の選択肢の中から正しいものを選びなさい。

The pharmaceutical company has offered
investors (　　) that no further mergers will take
place in the next five years.

(炎・第31問)

- (A) assure
- (B) assurance
- (C) assured
- (D) assuredly

ヒント！

The pharmaceutical company / has offered investors / (　) /
that no further mergers will take place / in the next five years.

単語の意味

pharmaceutical company…製薬会社
offer [ɔ́:fər, á:fər]…………………～を申し出る、提示する
investor [invéstə]………………投資家
further [fá:rðər]…………………さらなる、なお一層の
merger [má:rdʒər]………………合併
take place……………………起こる、行われる

訳

製薬会社は投資家に対し、今後5年以内にさらなる合併は行われないと保証しました。

構文解析

> The pharmaceutical company has offered investors assurance that no further mergers will take place in the next five years.

The pharmaceutical company | has offered | investors
　　　　　　S　　　　　　　　　V　　　　　　O（人）

↓同格の that

assurance | [that | no further mergers | will take place
O（モノ）　　接　　　　　S'　　　　　　　　　V'

(in the next five years)].
　　前＋名

　SVOO 文型の文です。SVOO 文型では、O（目的語）は、《SV＋O（人）＋O（モノ）》の語順になることに注意しましょう。《offer＋O（人）＋O（モノ）》で、「人にモノを提供［提示］する」という意味です。

　ここでは「同格の接続詞 that」の用法について説明します。

FOCUS-51 ──[同格の接続詞 that]

　名詞 assurance の直後に続く that に着目しましょう。直前
の名詞 assurance を説明しているので関係代名詞と思った人
もいるかもしれませんが、これは「**同格の that**」と呼ばれる
ものです。「**名詞＋that 節**」の形で、**前の名詞をうしろの
that 節が補足説明する**という関係性になっています。that が
関係代名詞の場合、that のうしろには、不完全文（S や O が
抜けた形）がきます。

《that のうしろに S が抜けている文》
→関係代名詞が「主格」として機能している

He moved to a company **that offered him a higher salary.**
　　　　　 先行詞　　関代　 V'　　 O'　　　　 O'
　　　　　　　　 （主格）　　　 （人）　　　 （モノ）
（彼はより高い給与を彼に提示した企業へ移った）

《that のうしろに O が抜けている文》
→関係代名詞が「目的格」として機能している

ABC Solutions is a company **that everyone knows.**
　　　　　　 先行詞　　関代　 S'　 V'（他動詞）
　　　　　　　　　　 （目的格）
（ABC ソリューションズは誰もが知っている企業だ）

　関係代名詞は S（主格）や O（目的格）の働きも兼ねるの
で、うしろにそれらの要素が抜けた「不完全文」がくるので
す。
　対して、「同格の that」は接続詞でしかないので、うしろ
に「完全文」がきます。

《関係代名詞 that》
関係詞節が形容詞的にうしろから先行詞を修飾

a fact **that** everyone knows
先行詞　O'　　　　　S'　　V'（他動詞）
　　　関代
　　　　　　　　不完全文

（誰もが知っている事実）

《同格の that》
that が導く節（＝名詞節）が直前の名詞を補足説明

the fact **that** everyone knows the singer
名　　接　　　　S'　　　　V'　　　　O'
　　同格
　　　　　　　SVO 文型の完全文

（誰もがその歌手を知っているという事実）

・「同格の that」の場合は、「　という」の意味になります。

　前置詞 of にも「同格」を表す用法があります。本書では次の問題文（第 19/37 問）で登場します。

19. In order for the company to fulfill its objective **of** expanding overseas, it must first raise funds through the sale of underperforming divisions.

37. Devlon Industries now offers employees the option **of** receiving a car allowance in lieu of transportation fees to those who prefer driving.

that には多様な使い方があることを知っておきましょう。

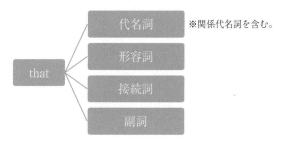

※関係代名詞を含む。

代名詞
形容詞
that
接続詞
副詞

名詞の問題です。

選択肢に似た形の単語が並んでいるので、品詞問題かもしれないと考えます。

この問題文は、[S（主語）＋V（動詞）＋O（目的語）＋O（目的語）]の形の第4文型の英文になっています。

主語が The pharmaceutical company、動詞が has offered、1つ目の目的語が investors、2つ目の目的語が（　　）で、that 以降は修飾語です。

目的語になるのは名詞か名詞句なので、空欄部分に入る単語も名詞か名詞句のはずです。選択肢の中で、名詞は(B) assurance「確約、保証」しかありません。

第4文型の英文では、ひとつ目の目的語が「人」で、2つ目の目的語が「物、概念」になります。

第4文型に関する問題は今までも何度か出題されてきましたが、過去に使われた動詞として、offer 以外には give があります。

スラッシュリーディング

The pharmaceutical company / has offered investors /
その製薬会社は　　　　　　　　／投資家に提供しました／

assurance / that no further mergers will take place /
確約を／さらなる合併は行われないだろうという／

in the next five years.
今後5年以内に

第36問

次の選択肢の中から正しいものを選びなさい。

( ) an application is received, it is thoroughly reviewed and candidates are contacted so that an interview can be scheduled.

(炎・第22問)

(A) Over

(B) As for

(C) Whether

(D) Once

ヒント！

( ) an application is received, / it is thoroughly reviewed / and / candidates are contacted / so that an interview can be scheduled.

単語の意味

application [æplɪkéɪʃən] ········· 願書、申込書、申し込み
thoroughly [θə́:rouli] ············· 徹底的に、完全に、十分に
review [rɪvjú:] ······················ ～を精査する、見直す
candidate [kǽndədèɪt] ············ 候補者
contact [ká:ntækt] ··················· ～に連絡する
interview [íntərvjù:] ················· 面接

難易度… ★★★☆☆

訳

いったん願書が受理されると、願書が徹底的に精査され、面接が設定できるように候補者に連絡があります。

構文解析

> Once an application is received, it is thoroughly reviewed and candidates are contacted so that an interview can be scheduled.

↓ it − application

従属節(=「時」を表す副詞節)　　　　　主節

[**Once** an application is received], it is thoroughly reviewed
接　　　 S'　　　　　 V'　　　　　 S V　　　　 副

主節

and candidates are contacted
接　　 S　　　　　 V

従属節(=「目的」を表す副詞節)

[**so that** an interview can be scheduled].
　　　　　 S'　　　　　　 V'

　SV 文型の文ですが、接続詞 once が導く「時」を表す副詞節と、so that *A* can *do* で表される「目的」を表す副詞節の2パターンが文の中に含まれており、難しい構造になっています。

　ここでは「接続詞 once」について説明します。

FOCUS-52 ——[接続詞としての once]

Once an application is received,（いったん願書が受理されると）の部分で使われている once に着目しましょう。ここでは接続詞として働き、うしろに「節」（＝ SV を含む 2 語以上のかたまり）を導いています。「いったん〜すると」という意味があります。once はそれ以外に、「副詞」としての働きをすることもある単語です。

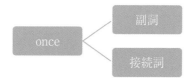

●比較！

once には 2 つの側面があります。

・副詞 「一度」「かつて」

I get a flu shot **once** a year.
（私は年に**一度**インフルエンザ予防接種を受ける）

She **once** lived in the U.S.
（彼女は**かつて**アメリカに住んでいた）

→文脈に応じて、意味が違うので注意しましょう。

・接続詞 「いったん〜すると」

Once you make a reservation, you will receive a confirmation e-mail.
（いったんご予約頂きましたら、確認メールが届きます）

→従属接続詞として働き、「主節」と「従属節」という 2 つの「節」（＝ SV を含む 2 語以上のかたまり）を結びつけています。

接続詞のうしろには「節」がきます。「主節」はメインの節で、それだけで文が成立します。対して、once が導く「従属節」は副詞的に主節を修飾するサブ的な節です。従属節だけでは、文は成立しません。

once が導く節の中では、未来のことも現在形で表す
ルールがあります。前ページの例文では make が現在形
ですね。問題文でも once an application <u>is received</u> と現
在形になっている点に注意しましょう。

> ＊そのほかに、at once（すぐに）といった表現のときには、once 自体は
> 「名詞」として機能しています。

　　なお、本書で取り上げた次の問題（第16問）でも、接続
詞としての once が登場します。併せて学習しましょう。

---

16. **Once** renovations to meet the latest earthquake
building codes have been completed, the company
guarantees structures will be much sturdier.

---

　once だけでなく、意外な単語が接続詞的に使われること
があるので、覚えておきましょう。now は副詞「今」、
provide は動詞「～を提供する」という意味でよく知られて
いますが、次の形で接続詞として使うことがあります。

《その他の注意すべき接続詞》

・**Now (that) S' V' ～ , SV...**「もう～なのだから、…」
　Now (that) I work from home full-time, I don't have to
　commute.
　（もうフルタイムで在宅勤務なので、私は通勤する必要がない）

・**Provided (that) S' V' ～ , SV...**「～でさえあれば、…」
　Provided (that) you follow the instructions below, you
　can easily install the software.
　（下記の手引きに従えば、簡単にそのソフトウェアをダウンロー
　ドできます）

　now that も provided that も、TOEIC テストのパート 5 で出題されます。

接続詞の問題です。

　空欄後もコンマ以降も、節 [S(主語)＋V(動詞)] です。**節と節を結ぶのは接続詞**です。

　(A)の Over は形容詞、副詞、動詞、前置詞の用法がありますが、接続詞の用法はありません。(B)の As for は「〜に関して」という意味の群前置詞なので、節と節を結ぶことはできません。

　接続詞は(C)の Whether と (D)の Once です。どちらが正解かは、英文の意味を考えなければなりません。

　空欄に続く従属節では「願書が受理される」とあり、it に続く主節では「願書が徹底的に精査され、面接が設定されるように候補者に連絡がある」と言っています。この2つの節をつないで意味が通る接続詞は、(D)の Once「いったん〜すると」だけです。(C)の Whether「〜かどうか」では文意が通りません。したがって、(D)の **Once** が正解です。

　once には「かつて」という意味の副詞の用法もあり、この意味でもよく使われます。

Once an application is received, /
いったん願書が受理されると /

it is thoroughly reviewed /
それ(＝願書)は徹底的に精査されます /

and / candidates are contacted /
そして / 候補者は連絡を受けます /

so that an interview can be scheduled.
面接が設定できるように

第37問

次の選択肢の中から正しいものを選びなさい。

Devlon Industries now offers employees the option of receiving a car allowance in lieu of transportation fees to (　　) who prefer driving.

(炎・第10問)

(A) these

(B) them

(C) that

(D) those

ヒント！

Devlon Industries / now offers employees / the option / of receiving a car allowance / in lieu of transportation fees / to (　　) / who prefer driving.

単語の意味

offer [ɔ́:fər, ɑ́:fər]······················ ～を提供する
employee [ɪmplɔ́ɪi:]·················· 従業員、社員
allowance [əláuəns]················· （定期的に渡される）手当
in lieu of ～······························· ～の代わりに
transportation fee··············· 交通費
prefer [prɪfə́:r]··························· ～を好む

訳

デブロン産業では、自動車通勤を希望する従業員は、交通費の代わりに自動車手当の受給を選べるようになりました。

構文解析

> Devlon Industries now offers employees the option of receiving a car allowance in lieu of transportation fees to those who prefer driving.

Devlon Industries now offers employees the option
S　　　　　　　　　　副　V　　O（人）　　O（モノ）

(of receiving a car allowance in lieu of transportation fees)
前＋名詞句（＝動名詞＋語句）　　前＋名＋前＋名

　　　　　　関係詞節がうしろから those を修飾
to those [who prefer driving].
前＋代　　関代　V'　O'（名）
　　　　（主格 S'）

　SVOO 文型の文です。S（主語）にきている Devlon Industries は、語尾が -es となっていますが、一つの会社名なので三人称・単数扱いです。よって、V（動詞）は offers と「三単現の s」がついています。《offer＋O（人）＋O（モノ）》で「人にモノを提供する」という意味です。

　ここでは「関係代名詞」について説明します。

FOCUS-53 ────[　　　関 係 代 名 詞 の 基 本　　　]

those who prefer driving のところで使われている「関係代名詞」について学んでいきましょう。関係代名詞は、代名詞に接続詞の働きを加えたもので、いわば「接続代名詞」ともいえるものです。それゆえ、「代名詞 + a」という考え方をしておきましょう。

例えば、he・him・his という代名詞が、関係代名詞に変化したとすると、次のようになります。

	主格	目的格	所有格
代名詞	he	him	his
関係代名詞	who	whom	whose

上記の変化を頭に入れて、次の2文を関係代名詞を使って1文にしてみます。

① Do you know the man?（あの男性を知っていますか）

② He is talking with Risa.（彼はリサと話している）
→ the man と he は同じ人物。

②の文にある he は、文の中で「主語」です。

He is talking with Risa.
S 　 V 　　　　前+名

主語になっている代名詞 he を関係代名詞に置き換えるときは「主格」の who にします。このうえで①の文に組み込んでみると、次のページのようになります。

うしろから先行詞 the man を修飾
① ②関係代名詞節（→「関係詞節」ともいう）

Do you know the man who is talking with Risa?
　　　　　先行詞

（リサと話しているあの男性を知っていますか）

　関係代名詞節が修飾する名詞（ここでは the man）を「先行詞」と呼びます。関係代名詞節は、形容詞と同等の役割をする節(=SV を含む2語以上のかたまり)、すなわち「形容詞節」です。関係代名詞節は難しい印象を与えますが、先行詞となる名詞をうしろから修飾する、形容詞的なかたまりなのだとシンプルに覚えておきましょう。

　この基本を押さえたうえで、問題文の those who prefer driving（自動車通勤をより好む人々）に戻ります。those は代名詞で、**those who ～** になると「**～する人々**」を意味します。those は that の複数形ですが、that who ～ という表現はありませんので注意してください。「～する人」を表す場合は、the person who ～などで表します。

　those who ～は TOEIC テストのパート5でも出題されます。

　本書で取り上げた50問には含まれていませんが、『炎の千本ノック！』第49問は、those who が含まれる英文です。

Those in the company **who** consistently demonstrate a willingness to put responsibilities ahead of their personal life tend to be promoted faster. 　　　　　（炎・第49問）

（進んで私生活より職責を優先する気持ちを常に示す職員は、昇進が早い傾向にあります）

＊下線部は who が導く節の部分。うしろから名詞を修飾する、大きなかたまりと考えてみてください。

　また、次の問題文（第14/129問）は主格の関係代名詞whoが含まれる英文です。併せて学習しましょう。

The restaurant opened only a few months ago, yet most people **who** <u>have eaten there</u> agree that it is one of the best dining spots in town.　　　　　　　　　　（炎・第14問）
（そのレストランはわずか数カ月前にオープンしたばかりですが、そこで食事をした人のほとんどが、ディナーをするには町一番の店のひとつだと口をそろえて言っています）

Customers **who** <u>purchase an electric vehicle before the December 31 deadline</u> are eligible for a ten-percent discount.　　　　　　　　　　（炎・第129問）
（12月31日の締め切り日より前に電気自動車をご購入のお客様は、10パーセントの割引が適用になります）

代名詞の問題です。

この問題の場合、空欄直後に置かれた関係代名詞の who が大きなヒントになります。those who 〜 で、「〜である人々」という意味でよく使われます。

空欄に代名詞の (D) those「（一般的な）人々／物」を入れると、those who prefer driving「自動車通勤を好む人々」となり、意味がつながります。よく使われる表現なので、普段から英文を読み慣れている人にとっては簡単な問題ですが、そうでない人にとっては少し難しい問題かもしれません。

この英文で使われている in lieu of 〜「〜の代わりに」は少し難しい表現ですが、最近の TOEIC テストでは、このように文中で少しフォーマルな難しめの表現が使われていることも少なくありません。in lieu of の意味は知らない人が大半だと思いますが、この意味を知らなくても正解はできます。

Devlon Industries / now offers employees / the option /
デブロン産業は / 現在従業員に提供しています / 選択肢を /

of receiving a car allowance / in lieu of transportation fees /
自動車手当を受けるという / 交通費の代わりに /

to those / who prefer driving.
人々に対して / 自動車通勤をより好む

第38問

次の選択肢の中から正しいものを選びなさい。

Daniel Stephens, (　　) charitable contributions have supported our music festival for over a decade, will receive an award this weekend.

(炎・第90問)

(A) whoever

(B) who

(C) whom

(D) whose

ヒント！

Daniel Stephens, / (　) charitable contributions / have supported our music festival / for over a decade, / will receive an award / this weekend.

単語の意味

charitable contribution……寄付金、慈善寄付
support [səpɔ́ːrt]……………………～を支える、支援する
decade [dékeid]…………………10 年
award [əwɔ́ːrd]……………………賞

訳

われわれの音楽祭は 10 年以上にわたりダニエル・スティーブンズさんからの寄付により支えられてきましたが、そのスティーブンズさんが今週末表彰されます。

構文解析

> Daniel Stephens, whose charitable contributions have supported our music festival for over a decade, will receive an award this weekend.

Daniel Stephens,
S

whose から decade までは
コンマ（ ）前の先行詞を補足説明している

関係代名詞 whose が導く節
[whose charitable contributions] [have supported] [our music
           S'   V'   O'（名）

festival] [for over a decade,] ←二重前置詞。over a decade は「前＋名」で
前＋前＋名   名詞句的に用い、for の目的語。

will receive | an award | (this weekend).
  V   O（名）   形＋名

　SVO 文型の文で、Daniel Stephens will receive an award が文の中で一番重要な部分です。関係代名詞 whose のつなぐ節（＝whose から decade まで）が、主語(Daniel Stephens)を修飾しているため、主語と動詞（will receive）が離れていることに注意しましょう。

　ここでは「関係代名詞」について詳しく説明します。

FOCUS-54 ── [　　関係代名詞 whose　　]

　Daniel Stephens, whose charitable contributions のところ
で使われている whose に着目しましょう。この箇所では
「関係代名詞 whose の非制限用法」が使われているのです
が、こちらについては FOCUS-55 で取り上げます。まず、関
係代名詞の基本をおさえておきましょう。

　関係代名詞は、2つの文を結びつけてひとつにすることが
できる代名詞です。次の文を見てください。

I know a woman. She lives in Boston.
（私はある女性を知っている。彼女はボストンに住んでいる）

　上の2文で、a woman と she は同じ人物のことを指して
います。このように同じものを指す場合、代名詞の部分を関
係代名詞にして、1文にまとめることができます。どの関係
代名詞を使うかは、修飾する名詞（＝先行詞）の種類と導く
「節」の中でどんな役割を果たしているかによって変わって
きます。次の表をご覧ください。

関係代名詞の活用

先行詞	主格	目的格	所有格
人	who	whom	whose
モノ	which	which	whose
人・モノどちらでも	that	that	

　先の2文を1文にするときに使う関係代名詞は、修飾する
名詞（＝先行詞）が a woman であることから「人」であり、
かつ、関係代名詞が導く節の中では主語として働いているこ
とから、「主格」の who です。

関係代名詞 who が導く節が
直前の名詞 a woman（＝先行詞）を修飾

I know a woman who lives in Boston.
　　　先行詞　関係代名詞が導く節

（私はボストンに住んでいる女性を知っている）

　本書で取り上げている次の問題文（第 44 問）でも、主格の関係代名詞 who が登場しています。

---

44. The team of doctors has promised to remain in the area as long as there are residents **who** have needs that they can provide medical care for.　＊先行詞は residents「住民」

　問題文で使われていた whose は「人」や「モノ」の「所有格」で使う関係代名詞です。次の文を比較してみましょう。

I know a boy. His father is a doctor.
（私はある少年を知っている。彼の父親は医者である）
↓
　　関係代名詞 whose が導く節が
　　直前の名詞 a boy（＝先行詞）を修飾

I know a boy whose father is a doctor.
　　　先行詞　関係代名詞が導く節

（私は父親が医者である少年を知っている）

　関係代名詞 whose が導く節がうしろから先行詞 a boy を修飾している構造になっています。his という所有格は、関係代名詞にすると whose になります。人称代名詞の所有格は his father のように名詞の前におくので、関係代名詞に変えても whose father の形になります。つまり、関係代名詞 whose のうしろには必ず名詞がきます。

FOCUS-55 ──[関係代名詞の非制限用法]

　以上の基本を踏まえたうえで、関係代名詞の「非制限用法」についてもおさえておきましょう。問題文 Daniel Stephens, whose charitable contributions のところでは、whose の直前にコンマ (,) がついています。関係代名詞には、2つの用法があります。それは「制限用法」と「非制限用法」です。コンマ (,) がつくのは「非制限用法」のほうです。

　　　　　　　↑非制限用法の場合、
　　　　　　　　うしろにコンマ (,) がつく。

次の文を比べてみましょう。

制限用法　先行詞に制限を加える修飾の仕方。

　関係代名詞 who が導く節が直前の名詞 a daughter（＝先行詞）を修飾。つまり、daughter について制限を加えている。

Sarah has a daughter who lives in Dublin.
　　　　　　先行詞　　　関係代名詞が導く節

（サラにはダブリン在住の娘さんが1人いる）

→サラには、ダブリン在住の娘さん以外にも、どこかに住んでいる娘さんがいる可能性がある。

　問題文 Daniel Stephens, **whose** charitable contributions have supported our music festival for over a decade, は主語（Daniel Stephens）について「, whose ～ ,」の部分で補足説明をしている非制限用法になっています。直訳すると、「ダニエル・スティーブンズさんは――彼の寄付がわれわれの音楽祭を 10 年以上にわたり支援してくれましたが――」という意味になります。

　補足説明が組み込まれることで文が難しく見えますが、文自体は Daniel Stephens will receive an award this weekend. という SVO の文です。パート 5 では関係代名詞が導く節を文中に組み込むことで問題文を難しくするケースがよく見られます。文全体における「主語」と「動詞」がどれであるか見抜けるようになりましょう。

　なお、本書で取り上げた次の問題文（第 8 問）でも、関係代名詞の非制限用法が登場します。併せて学習しましょう。

8. Many conference attendees arrived late because of a traffic jam, **which** was primarily caused by people leaving town for the holiday weekend.

　また、本書で取り上げた 50 問には含まれていませんが、
『炎の千本ノック！』第 127/141 問も非制限用法が含まれる
英文です。

Mr. Zhao, **who** currently leads XiYiZou Enterprises'
global marketing team, will be promoted to senior vice-
president from next month.
（炎・第 127 問）
（現在 XiYiZou エンタープライズのマーケティングチームを率いてい
るジャオ氏は、来月から常務取締役に昇格します）

ASN's television ratings, **which** averaged 15% last year,
are the highest they have been since the Internet first
became popular.
（炎・第 141 問）
（昨年の平均が 15 パーセントに達した ASN のテレビ視聴率は、イン
ターネットが初めて普及して以来、最高の数字となりました）

　なお、関係代名詞の非制限用法は、直前の先行詞を補足説
明するのとは別に、直前の文の内容全体を指す場合がありま
す。『炎の千本ノック！』第 115 問の英文がそのケースに相
当します。

The brochures will be completely dry only a few seconds
after printing, **which** means that they can be handed out
right away.
（炎・第 115 問）
（パンフレットは印刷後ほんの数秒で完全に乾き、すぐに配布するこ
とが可能です）

　上の英文では、which が指すのは直前の文の内容（＝ The
brochures will be completely dry only a few seconds after
printing）です。関係代名詞の非制限用法には 2 パターンあ
ることに注意しましょう。

関係代名詞の問題です。

選択肢には、関係代名詞が並んでいるので、関係代名詞の問題ではないかと考えます。

この英文の主語は Daniel Stephens で、動詞は will receive です。主語と動詞の間にコンマに挟まれた挿入句が入っており、挿入句の部分に空欄があります。

文意が通るためには、挿入部分は先行詞である Daniel Stephens の説明をしているはずなので、「『ダニエル・スティーブンズさんの』寄付金が 10 年以上にわたりわれわれの音楽祭を支えてきた」となるはずです。

したがって、空欄に入る関係代名詞は、この英文の主語であり、かつ空欄に入る関係代名詞の先行詞でもある Daniel Stephens の所有格の働きをするものだとわかります。**先行詞が「人」の場合の関係代名詞は、主格なら who、所有格なら whose、目的格なら whom です。**先行詞が人の場合の所有格である(D)の whose が正解です。

Daniel Stephens, / whose charitable contributions /
ダニエル・スティーブンズさんは / 彼の慈善寄付が /

have supported our music festival /
われわれの音楽祭を支えてきました /

for over a decade, /
10 年以上にわたり /

will receive an award / this weekend.
表彰されることになっています / 今週末に

第 **39** 問

次の選択肢の中から正しいものを選びなさい。

Alexander Carpet is committed to (　　) high-quality products that will make your home or office something to be proud of.

(炎・第12問)

- (A) deliver
- (B) deliverer
- (C) delivering
- (D) deliverable

ヒント！

Alexander Carpet is committed / to (　) high-quality products / that will make your home or office / something / to be proud of.

単語の意味

be committed to ～⋯⋯⋯⋯⋯～に尽力する、～に熱心である
high-quality [haɪ-kwάːləti]⋯⋯⋯質の高い
be proud of ～⋯⋯⋯⋯⋯⋯⋯⋯～を自慢に思う

答え (C) delivering

難易度… ★★★★☆

訳

アレクサンダー・カーペット社では、自慢のご自宅や職場に
なるよう質の高い製品をお届けすることに努めております。

構文解析

> Alexander Carpet is committed to delivering high-
> quality products that will make your home or office
> something to be proud of.

Alexander Carpet | is committed | (to delivering high quality
S ・・・・・・・・・・・ V

関係代名詞 that が導く節が
先行詞 products をうしろから修飾

products) [that | will make | your home or office | something
名（先行詞）関代　　V'　　　　　O'　　　　　C'
（主格 S'）

不定詞が
うしろから修飾

(to be proud of)].
　不定詞

　SV 文型の文です。関係代名詞 that が導く節（＝形容詞節）
がうしろから名詞 products を形容詞的に修飾しています。

　ここでは「関係代名詞としての that」と「SVOC 文型をと
る make」について説明します。

FOCUS-56 ── [関係代名詞 that]

　関係代名詞 that は、「主格」や「目的格」の働きをし、先行詞に「人」や「モノ」どちらも取ることができます。つまり、who/whom/which の代わりとして使えます。ただし、所有格（whose）の代わりに使うことはできません。

先行詞	主格	目的格	所有格
人	who	whom	whose
モノ	which	which	whose
人・モノどちらでも	that	that	

　関係代名詞を使うと、2つの文を1文にすることができます。では、関係代名詞 that を使って、次の2つの文を1文にしてみます。

例1 「人」が先行詞

My uncle often helps me mow the lawn. **He** lives in the neighborhood.
（私のおじはよく芝刈りを手伝ってくれる。彼は近所に住んでいる）

　My uncle と **He** は同じ人物を指しています。He を関係代名詞 that に置き換え、1文目に組み込みます。
↓

うしろから
名詞（＝先行詞）を修飾

My uncle that lives in the neighborhood often helps me mow
　先行詞　関係詞 that が導く節（＝形容詞節）

the lawn.
（近所に住む私のおじは、よく芝刈りを手伝ってくれる）

The building was beautiful. I visited **it** yesterday.
（その建物は美しかった。私はそこを昨日訪れた）

　　The building と **it** は同じモノを指しています。it を関係
代名詞 that に置き換え、前に出し、1 文目に組み込みます。
↓

　　　　　　うしろから
　　　　　名詞（＝先行詞）を修飾

The building that I visited yesterday was beautiful.
　　先行詞　　　　関係詞 that が導く節（＝形容詞節）

（私が昨日訪れた建物は美しかった）

　　本書で取り上げている次の問題文（第 41 問）でも、関係
代名詞 that が登場しています。

---

41. A snowstorm **that hit the area** unusually late in the
season has caused the airport to be closed, and
consequently many travelers are stranded.
＊下線部は that が導く節の部分。

　　また、本書で取り上げた 50 問には含まれていませんが、
『炎の千本ノック！』第 17 問は、関係代名詞 that が含まれ
る英文です。併せて学習しましょう。

The ink-jet printers **that** were delivered last week had to
be returned because of a defect in the power switch.
（先週届いたインクジェットプリンターは、電源スイッチの不具合の
ため返品しなければなりませんでした）

（炎・第 17 問）

FOCUS-57 ──── make O＋C「OをCの状態にする」

products that will make your home or office something to be proud of の部分に着目します。関係代名詞 that が導く節の中に、SVOC 文型があることに注意しましょう。

that	will make	your home or office	something	(to be proud of)
関代	V'	O'	C'	不定詞
(主格 S')				うしろから修飾

《make O＋C》で「O を C の状態にする」の意味になります。問題文では C（補語）の場所に代名詞 something がきていますが、そのほかに名詞や形容詞もくることができます。

・make O＋C（名）

The song **made** him a star.
（その曲で彼はスターになった）

→直訳では「その曲は彼をスターにした」となります。

・make O＋C（形）

The adversity has **made** her stronger.
（逆境が彼女をより強くした）

→形容詞 strong の比較級がきています。

問題文の make your home or office something to be proud of の部分は、「あなたの自宅や職場を自慢のできるものにする」の意味になります。

なお、本書で取り上げた次の問題文（第48問）でも、**make O＋C** の形が使われています。併せて学習しましょう。

---

48. Louise Kirk was appointed vice-president of marketing, **making** **her** **the youngest person** to hold such a position in the company's history.

動名詞の問題です。

空欄の前後はヒントがあることが多いので、必ずチェックしましょう。

空欄前の be committed to ～ 「～に尽力する、～に熱心である」の to は前置詞の to です。前置詞の後ろには名詞か名詞句が続きます。

ここでは空欄後に high-quality products 「質の高い製品」と目的語が続いているので、空欄には動詞の働きをするものを入れなければなりません。動詞の働きをし、名詞句を作るのは動名詞です。動名詞である (C) の delivering が正解です。

空欄前の to を不定詞の to と勘違いし、動詞の原形である (A) の deliver を選ぶ人がいるかもしれませんが、この to は前置詞の to です。

このタイプの問題で他に出題されている表現としては、look forward to ～ 「～を楽しみにする」があります。この to も前置詞の to です。

スラッシュリーディング

Alexander Carpet is committed /
アレクサンダー・カーペット社は尽力しています /

to delivering high-quality products /
質の高い製品をお届けすることに /

that will make your home or office /
あなたの自宅や職場を(以下のように)するような /

something / to be proud of.
何か / 自慢できるような

第40問

次の選択肢の中から正しいものを選びなさい。

So that the firm can better satisfy clients' requirements, it adds (　　) to some of the standard services it provides.

（炎・第60問）

(A) candidates

(B) appointments

(C) alternatives

(D) invoices

ヒント！

So that the firm can better satisfy / clients' requirements, / it adds（　）/ to some of the standard services / it provides.

単 語 の 意 味

so that 〜 can ... ···················〜が…できるように
requirement [rɪkwáɪərmənt] ·····要求、要件
add [ǽd] ································〜を加える
standard [stǽndərd] ··············標準的な、基準となる
provide [prəváɪd] ·····················〜を提供する、与える

訳

同社では顧客の要望によりよく応えるため、提供中の標準サービスの一部に代替案を追加します。

構文解析

> So that the firm can better satisfy clients' requirements, it adds alternatives to some of the standard services it provides.

従属節

[So that the firm can better satisfy clients' requirements,]
　接　　S'　　　副　V'　　　O'（名）

主節

it adds alternatives (to some of the standard services)
S　V　O（名）　　前＋代名　　前＋名

↑ it = the firm

関係代名詞が導く節（＝形容詞節）がうしろから先行詞 services を修飾

＊の場所に which/that が省略されている。

[(＊which/that) it provides].
関代の省略　　　S'　V'

↑ it = the firm

　SVO 文型の文です。文頭の so that S' can ...「S' が〜できるように」に気をつけましょう。so that という接続詞がつなぐ範囲は、requirements までです。なお、add A to B で「A を B に加える」の意味になります。

　ここでは「関係代名詞の目的格の省略」について説明します。

FOCUS-58 ──［関係代名詞の目的格の省略］

　　to some of the standard services it provides（同社が提供している標準サービスの一部に）のところに着目しましょう。it provides の直前に、関係代名詞の目的格（which/that）が省略されています。

　　関係代名詞の目的格には、「人」が先行詞のときの whom、「モノ」が先行詞のときの which、どちらが先行詞でも使える that があります。

↓ここ！

先行詞	主格	目的格	所有格
人	who	whom	whose
モノ	which	which	whose
人・モノどちらでも	that	that	

　　そして、目的格として使われているならば、どれも省略可能です。次の2文を、関係代名詞の目的格 which を使って1文にしてみます。

・The book was interesting.（その本は面白かった）
・John gave it to me.（ジョンはそれを私にくれた）

　　the book と it は同じものを指しています。目的語の it を which に変えて前に出し、1文目に組み込みます。

↓

The book which John gave to me was interesting.
（ジョンが私にくれた本は面白かった）

　　この目的格の which は省略可能です。省略すると次のようになります。

↓

The book John gave to me was interesting.
　 S 　　　 S' 　 V' 　前+代名 V 　 C（形）

文法を苦手とする人は、このような文を読むと、どれが文全体のS（主語）やV（動詞）なのか見失ってしまいます。核となっているのは The book was interesting. の部分です。《名詞＋S＋V》という語順がきたら、関係代名詞の目的格が省略されていると考えましょう。

名詞＋S＋V
　　　‖
名詞（関代）S'＋V'
　　　↑
関係代名詞の
目的格の省略

　本書で取り上げている次の問題文（第14/29問）でも、関係代名詞が省略されています。

14 If online retailers want to succeed in the current environment, it is necessary to provide timely responses to any questions or concerns * customers may have.

29. Employees are allowed to use any computer * they like, but all devices must be compatible with all of the software used by the company.
　　　＊マークのところに関係代名詞 which/that が省略されています。

　また、本書で取り上げた50問には含まれていませんが、『炎の千本ノック！』第37/46/95/105問は、関係代名詞が省略されている英文です。併せて学習しましょう。

The hotel management offered a 25% discount throughout the construction period to compensate guests for any inconvenience * they may experience.

(炎・第 37 問)

(ホテル側は、利用者へ迷惑をかける埋め合わせとして、工事期間中は 25 パーセントの割引を申し出ました)

The production rate of our factory in eastern Europe is significantly higher than any other factory * we have ever built.

(炎・第 46 問)

(東ヨーロッパにある弊社の工場の生産率は、弊社がこれまでに建設した他のどの工場よりかなり高いです)

Property owners should be consulted concerning any changes that a tenant would like to make to the apartment * they are renting.

(炎・第 95 問)

(入居者が賃貸中のアパートに手を加えたい箇所があれば、物件の所有者に相談すべきです)

According to the latest survey, 80% of customers have been pleased with the products * they ordered six months ago.

(炎・第 105 問)

(最新の調査によると、顧客の 80 パーセントは 6 カ月前に注文した製品に満足しています)

＊マークのところに関係代名詞 which/that が省略されています。

語彙問題です。語彙の問題は英文を読み、全体の意味を考えます。

「同社では顧客の要望によりよく応えるため、提供中の標準サービスの一部に〜を追加する」という英文で、「〜」部分に何を入れればいいのかを考えます。

顧客の要望によりよく応えるために提供中の「標準サービス」に加えるものなので、何かの「特注サービス」か「選択できる他のサービス」だと推測できます。

選択肢の中で該当するのは、(C)の alternatives「取って代わるもの、代替物、代案」だけです。

it adds alternatives to some of the standard services 部分を具体的に説明すると、「現在は標準的なサービスしか受けることができないけれど、それに代わる選択肢が加えられる」という意味になります。ここで使われている alternatives は alternative services のことです。

alternatives は会議ではよく使われている単語ですが、英語での会議に参加する機会が少なかったり、ビジネス関連のレポートを読む機会が少ない人にとっては、少し難しい問題です。

(A)candidates「候補者」、(B)appointments「約束、取り決め」、(D)invoices「請求書、送り状」では文意が通りません。

So that the firm can better satisfy / clients' requirements, /
その会社はよりよく(〜を)満たせるように / 顧客の要望を /

it adds alternatives / to some of the standard services /
それ(=会社)は代替案を追加します / 標準サービスの一部に /

it provides.
それ(=会社)が提供する

第41問

次の選択肢の中から正しいものを選びなさい。

A snowstorm that hit the area unusually late in the season has caused the airport to be closed, and (　) many travelers are stranded.

(炎・第21問)

(A) adequately

(B) consequently

(C) completely

(D) nevertheless

ヒント！

A snowstorm ／ that hit the area ／ unusually late in the season ／ has caused ／ the airport ／ to be closed, ／ and (　) ／ many travelers are stranded.

単 語 の 意 味

snowstorm [snóustɔ̀:rm]·········· 吹雪
hit [hít]····························· (天災が) 襲う、打撃を与える
unusually [ʌnjúːʒuəli]··············· いつになく、異常に
late [léit]·························· 遅く、遅れて
cause [kɔ́:z]························· ～を引き起こす、～の原因になる
strand [strǽnd]····················· ～を立ち往生させる

答え　(B) consequently

訳

いつになく季節遅れにその地域を襲った吹雪のせいで空港は閉鎖され、その結果、多くの旅行者が立ち往生させられている。

構文解析

> A snowstorm that hit the area unusually late in the season has caused the airport to be closed, and consequently many travelers are stranded.

関係代名詞が導く節(＝形容詞節) が
うしろから名詞 a snowstorm を修飾

主節
A snowstorm [that hit the area unusually late in the season]
S　　　　　　関代　V'　O'(名)　　副　　　副　　前＋名
先行詞　　　　　　(主格 S')

has caused the airport to be closed,
V　　　　　O　　　　C (不定詞)

主節
and consequently many travelers are stranded.
接　　副　　　　　　　　S　　　　　V

　2つの文（SVOC 文型と SV 文型）が等位接続詞 and で結ばれている構造です。文頭から and の前までの節は、関係代名詞が導く節が間に組み込まれ、主語（A snowstorm）と動詞（has caused）が大きく離れていることに注意しましょう。

　ここでは「関係代名詞が導く節が主語を修飾する場合」と「cause の用法」について説明します。

FOCUS-59──[関係代名詞が導く節が主語を修飾する]

～主語と動詞が大きく離れるパターン～

A snowstorm that hit the area unusually late in the season has caused the airport to be closed（いつになく季節遅れにその地域を襲った吹雪のせいで空港は封鎖された）の部分に着目します。A snowstorm という主語のうしろに関係代名詞 that が導く長い修飾語句が続くため、文全体の動詞 has caused を見抜くのが難しかったはずです。

　問題文では、関係代名詞が導く節の中に unusually「いつになく、珍しく」late「遅く」という副詞や in the season「その季節では」という副詞句が入っているため、節が長めになっています。修飾語句を取り除くと、下記のようなシンプルな文になります。

A snowstorm has caused the airport to be closed.
（吹雪が、空港が閉鎖される原因となりました）
＊直訳では「吹雪が、空港が閉鎖されることを引き起こした」

　主語のあとに関係詞節がきたら、2つ目の動詞が登場するのを待つつもりで粘り強く読み進めましょう。

　なお、本書で取り上げた50問には含まれていませんが、『炎の千本ノック！』第49/129問も、関係代名詞が導く節が主語を修飾している英文です。

Those in the company **who** consistently demonstrate a willingness to put responsibilities ahead of their personal life tend to be promoted faster.　　　　　　（炎・第49問）
（進んで私生活より職責を優先する気持ちを常に示す職員は、昇進が早い傾向にあります）

Customers **who** purchase an electric vehicle before the December 31 deadline are eligible for a ten-percent discount. （炎・第129問）

（12月31日の締め切り日より前に電気自動車をご購入のお客様は、10パーセントの割引が適用になります）

＊下線部は who が導く節の部分。関係詞節は、うしろから名詞を修飾する大きなかたまりと考えてみてください。

なお、本書で取り上げた次の問題文（第6問）では、過去分詞が主語と動詞を引き離していました。比較参照してください。

6. Problems **related** to defects **found** in the vehicles **produced** in the Louisiana plant originated with the installation of a new computer system.

FOCUS・60 ── cause O to do で「Oが〜する原因となる」

A snowstorm has caused the airport to be closed.（吹雪が、空港が閉鎖される原因となりました）の文は、SVOCの構造になっており、OがCの意味上の主語になっている点に注意しましょう。

a snowstorm ではなく、the airport が be closed となる
↓

| A snowstorm | has caused | the airport | to be closed. |
| S | V | O | C (不定詞) |

↑文の主語　　　　　　　↑Cにとっての意味上の主語

SVOC文型ではこのようにC（補語）に不定詞がくることがあります。その際には、不定詞が表す内容の意味上の主語になっているのは、O（目的語）にきている the airport です。S（主語）にきている a snowstorm が be closed されているわけではありません。

　このような SVOC 文型で C に不定詞がくるパターンをとる動詞は cause のほかに ask/allow/enable/encourage/force/require/want などがあります。

　本書で取り上げている次の問題文（第 22/29 問）でも、SVOC 文型で C に不定詞がくるパターンが登場します。

---

22. The government offered an incentive to local producers to **encourage** them to sell to local markets rather than export products.

＊《encourage ＋ O ＋ 不定詞》で「O に～するように奨励する」の意味。

29. Employees **are allowed** to use any computer they like, but all devices must be compatible with all of the software used by the company.

＊《allow ＋ O ＋ 不定詞》で「O が～することを許す」の意味。上の英文は受動態の文になっているため、もともと O に相当する employees が S になっています。

　なお、本書で取り上げた次の問題文では、同じく SVOC 文型で C に「原形不定詞」がくるパターンが登場していました。併せて学習しましょう。

---

20. Familiarity with the client's plans to expand overseas will certainly help the consulting team **give** better advice.

　適切な意味の副詞を選ぶ問題です。選択肢にはさまざまな副詞が並んでいるので、適切な意味の副詞を選ぶ問題だとわかります。英文の意味を考えて文意に合う副詞を選ばなければならないので、語彙問題に似ています。

　「いつになく季節遅れにその地域を襲った吹雪のせいで空港は閉鎖され、〜多くの旅行者が立ち往生させられている」という英文で、「〜」部分に入れて文意が通る副詞は何かを考えます。

　(B)の consequently「その結果として」であれば、文意が通ります。副詞の consequently は、この英文のように、節[S＋V], and consequently の形か、もしくは前文があり、次の文の文頭に置いて Consequently, 節[S＋V]の形で使われることが多いです。

　(A)adequately「適切に、十分に」、(C)completely「完全に」、(D)nevertheless「それにもかかわらず」では文意が通りません。

スラッシュリーディング

A snowstorm / that hit the area /
吹雪が / その地域を襲った /

unusually late in the season / has caused / the airport /
いつになく季節遅れに / 原因となりました / その空港が /

to be closed, / and consequently /
閉鎖される / そしてその結果として /

many travelers are stranded.
多くの旅行者は立ち往生させられている

第42問

次の選択肢の中から正しいものを選びなさい。

Social networks have (　　) changed business in terms of how people communicate and the speed at which information is exchanged. (炎・第38問)

(A) yet

(B) still

(C) however

(D) indeed

ヒント！

Social networks / have (　) changed / business / in terms of how people communicate / and the speed / at which information is exchanged.

単語の意味

in terms of ～ …………………… ～の点から見て、～に関して
communicate [kəmjúːnəkèɪt] … 意思の疎通をする
exchange [ɪkstʃéɪndʒ] …………… ～を交換する

答え (D) indeed

訳

ソーシャルネットワークは、人々のコミュニケーションの仕方や情報がやりとりされる速さという点でまさにビジネスを変えました。

構文解析

Social networks have indeed changed business in terms of how people communicate and the speed at which information is exchanged.

Social networks | have (indeed) changed | business
　　S　　　　　　V　　　副詞　　　　　O (名)

　　　　　　　名詞節
in terms of [how | people | communicate]
前＋名　前＋節　　S'　　　V'

and
接　　　　　　関係詞節がうしろから先行詞 the speed を修飾
the speed [at which | information | is exchanged].
　名　　　前＋関代　　S'　　　V'
（先行詞）

　SVO 文型の文です。in terms of ... は「〜に関して」という意味で、うしろに how people communicate という名詞節と the speed という名詞を目的語にとっています。the speed のうしろに関係詞節が続き、the speed の説明をしています。

　ここでは「前置詞＋関係代名詞」と「群前置詞」について説明します。

FOCUS-61 ──[前置詞＋関係代名詞]

the speed at which information is exchanged（情報がやり取りされる速さ）のところで使われている at which に着目しましょう。「前置詞＋関係代名詞」の組み合わせになっています。

関係詞節がうしろから先行詞を修飾

the speed **at which** information is exchanged

名　　前＋関代　　S'　　V'

（先行詞）

なぜ、このような構造になるのか、順を追って見ていきましょう。もともと次のような文があったと仮定します。

Information is exchanged **at the speed**.
（情報はそのスピードでやり取りされる）

at the speed の前置詞 at は「～で」という意味で、《程度》を表します。the speed が先行詞として前に出たときには「モノ」扱いなので、うしろに which が続きます。

↓

the speed **which** information is exchanged **at**

先行詞

関係代名詞 which は、前置詞 at の目的語になっています。このように、関係代名詞が前置詞の目的語となる場合、前置詞を関係代名詞の前に移動させ、「前置詞＋関係代名詞」というセットにすることが可能です。

↓

the speed **at which** information is exchanged

先行詞

これが問題文で使われている表現です。なお、which の代わりに that も可能では、と思った方もいるかもしれません。しかし、"at＋that" のような「前置詞＋関係代名詞 that」の組み合わせは使うことができません。前置詞のうしろに続けられる関係代名詞は which と whom のみです。

　本書で取り上げた 50 問には含まれていませんが、『炎の千本ノック！』第 56 問も「前置詞＋関係代名詞」が登場する英文です。

Fredrick Hager spent over six years studying in Spain, the time **during which** he became fluent not only in Spanish but also French. （炎・第56問）
（フレデリック・ヘイガーさんは 6 年以上もスペインで勉強し、その間にスペイン語だけでなくフランス語も流ちょうになりました）

FOCUS-62　　　　　　群前置詞

　前置詞には、1 語の前置詞（in・at・on など）以外に、「群前置詞」と呼ばれるものがあります。群前置詞とは、問題文に出てきた in terms of のように複数の語からなるもので、働きは 1 語の前置詞と変わりません。

覚えておきたい郡前置詞

・because of「〜が原因で」

　The game was postponed **because of** heavy rain.
　（その試合は大雨のため延期された）

・by means of「(手段) 〜によって」

　The facility is accessible **by means of** public transportation.
　（その施設は公共交通機関でアクセス可能です）

・in front of「〜の前で（に）」

　She delivered a speech **in front of** an audience.
　（彼女は聴衆の前でスピーチをした）

・up to「(数量などが)〜まで」

This venue can accommodate **up to** 500 people.
(こちらの場所は 500 人まで収容できます)

　本書で取り上げている次の問題文（第 8/43 問）でも、群前置詞が登場します。併せて学習しましょう。

8. Many conference attendees arrived late **because of** a traffic jam, which was primarily caused by people leaving town for the holiday weekend.

43. The company spokesperson announced that **contrary to** recent business news reports, ACE Electronics was not considering a merger with Bates Home Center.

＊ contrary to「〜に反して」

適切な意味の副詞を選ぶ問題です。

選択肢にはさまざまな副詞が並んでいるので、適切な意味の副詞を選ぶ問題だとわかります。

「ソーシャルネットワークは、人々のコミュニケーションの仕方や情報がやりとりされる速さという点で〜ビジネスを変えた」という英文で、「〜」部分に入れて文意が通る副詞は何かを考えます。(D)の indeed「まさに、**本当に、全く、実に**」であれば、文意が通ります。

この問題が難しいのは、間違いの選択肢に yet がある点です。多くの人が yet を選ぶのではないでしょうか。

yet は否定文と疑問文で主に用いられます。肯定文で用いられるときは、「まだ、依然として」と still に近い意味になります。この英文は肯定文です。still に近い意味で使われているのであれば、空欄前後が現在完了形なので「ソーシャルネットワークは（まだ、依然として）ビジネスを変えた」となり、文意が通りません。

過去に have yet to 〜「まだ〜していない」という表現を問う問題が何度も出題されているので、空欄後に to がないことをチェックしたり、英文の意味をよく吟味することなく yet を選んでしまう人に向けた、トリック問題です。(B)still「まだ」、(C)however「しかしながら」でも文意は通りません。

Social networks / have indeed changed / business
ソーシャルネットワークは / まさに変えました / ビジネスを /

in terms of how people communicate / and the speed /
人々のコミュニケーションの仕方に関して / そして速さ(に関して)/

at which information is exchanged.
情報が交換される

第43問

次の選択肢の中から正しいものを選びなさい。

The company spokesperson announced that
(　　) recent business news reports, ACE
Electronics was not considering a merger with
Bates Home Center.

(炎・第108問)

      (A)　instead of

      (B)　owing to

      (C)　contrary to

      (D)　in addition to

ヒント！

The company spokesperson announced / that (　) recent
business news reports, / ACE Electronics was not considering
a merger / with Bates Home Center.

単 語 の 意 味

spokesperson [spóukspə̀ːrsn] … 広報担当者
recent [ríːsnt] ………………………… 最近の、近ごろの
consider [kənsídər] …………………… ～を検討する、考慮する
merger [mə́ːrdʒər] …………………… 合併

訳

同社の広報担当者は、最近のビジネスニュース記事に反して、
ACE エレクトロニクスはベイツ・ホーム・センターとの合併
は検討していないと発表しました。

構文解析

> The company spokesperson announced that contrary
> to recent business news reports, ACE Electronics was
> not considering a merger with Bates Home Center.

The company spokesperson | announced |
　　　　　S　　　　　　　　　　V

|that (contrary to recent business news reports),
　U (that 節)　　群前置詞＋名

ACE Electronics | was not considering | a merger
　　　S'　　　　　　　　V'　　　　　　　　O' (名)

(with Bates Home Center)|.
　前＋名（会社名）

　SVO 文型の文です。O には that 節がきています。接続詞
that の直後に「群前置詞＋名詞」が組み込まれている点に注
意です。that 節中の S' と V' もしっかりと見極められるよう
にしましょう。

　ここでは「群前置詞」について説明します。

FOCUS-63 ──[文中に組み込まれる群前置詞]

「群前置詞」とは2語以上で、ひとつの前置詞と同等の働きをするものです。問題文で使われている contrary は、単体では「【形】反対の」という意味ですが、contrary to の形になると「〜に反して」という意味になり、うしろに名詞や名詞節などをとることができます。

《うしろが名詞の場合》

Contrary to the weather forecast, it snowed all day.

（天気予報に反して、一日中雪が降った）

《うしろが名詞節の場合》

Contrary to what she said, she looked tired.

（彼女は言ったこととは裏腹に、疲れているように見えた）

→ what she said の部分は「関係代名詞 what＋S＋V」の形で名詞節になっている。

　以上の基本を踏まえたうえで、問題文の構造を見ていきましょう。わかりやすいように、問題文の that 以下をシンプルに書き直してみます。

文全体を修飾

「群前置詞＋名」＝副詞句

Contrary to news reports, the company is not considering
　　　　　　　　　　　　　　　　　S　　　　　V

a merger.

　O

（ニュース記事に反して、その会社は合併を検討していません）

　「群前置詞＋名」の部分は、副詞句（＝副詞と同様の働きをする句）として、文全体を修飾しています。上記を The spokesperson said that（〜ということを広報担当者は言った）という that 節の中に組み込むと、次のようになります。

The spokesperson said that contrary to news reports,

S　　　　　　　V　　O (that 節)　　「群前置詞＋名」＝副詞句

the company was not considering a merger .

S'　　　　　V'　　　　　　O'

（広報担当者は、ニュース記事に反して、その会社は合併を検討していないと言いました）

＊ was not considering と過去形になっているのは、主節の動詞が said と過去形だからです。主節の時制の影響を受けて that 節の中の be 動詞が was になっています。that 節内の時制が主節の時制に影響を受けて変わることは「時制の一致」と呼ばれます。

　　that 節がきても、直後に S'V' がくるとは限りません。くれぐれも注意しましょう。

　　『炎の千本ノック！』第 94/105/131/136/140 問も群前置詞が登場する英文です。併せて学習しましょう。

Jensen Architects submitted a design proposal **along with** several top-rated firms, but theirs was selected **because of** its style and affordability.　　　　　　　　（炎・第 94 問）

（ジェンセン建築事務所は数社の一流建築会社と並んで設計案を提出しましたが、そのスタイルと手ごろな価格により同社のものが選ばれました）

＊ along with「～と一緒に」
＊ because of「～のために」

According to the latest survey, 80% of customers have been pleased with the products they ordered six months ago.　　　　　　　　（炎・第 105 問）

（最新の調査によると、顧客の 80 パーセントは 6 カ月前に注文した製品に満足しています）

＊ according to「～によると」

On account of greater demand for automotive parts, REV Auto Inc., will increase the number of its distribution centers this year. （炎・第131問）

（自動車部品の需要が増加したため、REVオート社は今年、配送センターの数を増やします）　　　　　　　　* on account of「〜の理由で」

As a result of the extremely high temperatures this summer, some of the towns and cities in the region have implemented water restrictions. （炎・第136問）

（今夏の極端な高温のせいで、その地域の市町村のいくつかで給水制限を実施しました）　　　　　　　* as a result of「〜の結果として」

According to the hotel Web site, guests over the age of 18 with a valid form of government-issued identification can book a room. （炎・第140問）

（ホテルのホームページによると、18歳以上で政府発行の有効な身分証明書を所持する人であれば、客室の予約ができます）

イディオムの問題です。

選択肢にはさまざまなイディオムが並んでいます。イディオムの問題は語彙問題と同様に、英文全体の意味を考えなければなりません。

会社の広報担当者が発表した内容が、接続詞 that 以降に書かれています。

空欄後からコンマまでは名詞句なので、空欄には前置詞の働きをするイディオムが入るのではと考えます。選択肢は全て前置詞の働きをするイディオムです。

that 以降では「最近のビジネスニュース記事〜ACE エレクトロニクスはベイツ・ホーム・センターとの合併は検討していない」と言っています。この「〜」部分に入れて文意が通るのは何かを考えます。(C)の contrary to「〜に反して」であれば、文意が通ります。

(A)instead of「〜の代わりに」、(B)owing to「〜のせいで」、(D)in addition to「〜に加えて」では文意が通りません。

The company spokesperson announced /
その会社の広報担当者は発表しました /

that contrary to recent business news reports, /
最近のビジネスニュース記事に反して /

ACE Electronics was not considering a merger /
ACE エレクトロニクスは合併を検討していないことを /

with Bates Home Center.
ベイツ・ホーム・センターとの

第44問

次の選択肢の中から正しいものを選びなさい。

The team of doctors has promised to remain in
the area (　) there are residents who have needs
that they can provide medical care for. (炎・第23問)

> (A)　despite the fact that
> (B)　as soon as
> (C)　as long as
> (D)　so that

ヒント！

The team of doctors / has promised / to remain in the area /
(　) there are residents / who have needs / that they can
provide medical care for.

単 語 の 意 味

promise [prá:məs]······················〜を約束する
remain [rɪméɪn]···························とどまる、滞在する
resident [rézədənt]···················住民
provide [prəváɪd]······················〜を提供する、与える
medical care······························医療ケア、医療

答え　(C) as long as

訳

医療ケアの提供を必要とする住民がいる限り、その地にとどまることを医師団は約束しました。

構文解析

> The team of doctors has promised to remain in the area as long as there are residents who have needs that they can provide medical care for.

主節

The team of doctors | has promised | to remain in the area
　　　S　　　　　　　V　　　　　　O（不定詞）

関係詞節がうしろから名詞 residents を修飾

従属節　　　　　　　　　　　　　　　　関係詞節

[as long as there | are | residents | who | have | needs
　接続詞　　　　　副　V'　S'（名）　関代　V'　O'（名）
　　　　　　　　　　　　　先行詞　　　　　　　　　先行詞

that | they | can provide | medical care | for].
関代　S'　　　V'　　　　　O'（名）　　前
関係詞節がうしろから名詞 needs を修飾
　↑ they = the team of doctors

　SVO 文型の文です。接続詞の役割をする表現 as long as（～する限り）が、主節（The team ～ in the area）と従属節（there are 以下）をつないでいます。従属節の中では、関係代名詞が2箇所（who と that）出てきています。

　ここでは「関係代名詞節の末尾に前置詞がつく用法」と「as ＋ 副詞 ＋ as が接続詞的に働く用法」について説明します。

FOCUS-64 ──[関係代名詞節の末尾に前置詞がつく]

　needs that they can provide medical care for（彼らが提供しうる医療ケアへのニーズ）の部分に着目します。本書の第42問では at which という「前置詞＋関係代名詞 which」の組み合わせが出てきました。対して、この問題文では前置詞 for が末尾に置かれています。「前置詞＋関係代名詞」の組み合わせを取ることができるのは、which か whom のみです。関係代名詞 that は前置詞のうしろに続けることができません。したがって、問題文のように that と for が出てきた場合、"for＋that" というセットにすることはできないのです。

○　needs <u>that</u> they can provide medical care <u>for</u>

×　needs <u>for that</u> they can provide medical care
　　　　　↑前置詞のうしろに関係代名詞 that はおけない！

FOCUS-65 ──[「as ＋副詞＋ as」が接続詞的に働く]

　英語には when や while のように1語で使う接続詞以外に、いくつかの語が集まって接続詞的に働くことがあります。問題文に出てきた as long as のほか、as far as もそうです。どちらも訳としては「〜する限り」となりますが、使われ方が違うので注意しましょう。

- as long as：「条件」や「期間の限定（〜する間）」を表す

  As long as you have a Wi-Fi connection, you can use this app.【条件】
  （Wi-Fi 接続がある限り、このアプリを使うことができますよ）

  As long as you are alive, don't give up!【期間の限定】
  （生きている限り、あきらめないで！）

- as far as：「（知識や記憶などが及ぶ）範囲」を表す

  As far as I know, she still works there.
  （私の知る限り、彼女はまだそこで働いている）

イディオムの問題です。

選択肢にはさまざまなイディオムが並んでいます。英文全体の意味を考えて、正解を選ばなければなりません。

選択肢はどれも後ろに節を続けることができるイディオムなので、英文を読みどれであれば文意が通るかを考えなければなりません。

「医療ケアの提供を必要とする住民がいる〜その地にとどまることを医師団は約束した」という意味の英文で、「〜」部分に入れて文意が通るのはどれか考えます。

(C)の as long as「〜である限りは、〜する限りは」であれば文意が通ります。as long as は接続詞の働きをするため、後ろには節（S+V）が続きます。

(A)despite the fact that「(that 以下) という事実にもかかわらず」、(B)as soon as「〜するとすぐに」、(D)so that「〜するように」では文意が通りません。

The team of doctors / has promised / to remain in the area /
医師団は / 約束しました / その地にとどまることを /

as long as there are residents / who have needs /
住民がいる限り / 必要とする /

that they can provide medical care for.
彼ら（＝医師団）が提供できる医療ケアを

第45問

次の選択肢の中から正しいものを選びなさい。

If at least 20 people do not sign up for the training session, it will be (　) until a date when more people can participate.

(炎・第103問)

(A) diverted
(B) prevented
(C) reminded
(D) postponed

ヒント！

If at least 20 people do not sign up / for the training session, / it will be （　） / until a date / when more people can participate.

単 語 の 意 味

at least·······························少なくとも
sign up·······························(登録を) 申し込む
date [déit]·······························期日、日付
participate [pɑːrtísəpèit]·········参加する、加わる

答え　(D) postponed

訳

少なくとも 20 人が申し込まなければ、より多くの人が参加できる日までトレーニングセッションは延期されます。

構文解析

> If at least 20 people do not sign up for the training session, it will be postponed until a date when more people can participate.

従属節

[If at least 20 people do not sign up for the training session,]
接　　S'　　　　　V'　　　　　　　　　前＋名

主節　　　　　　　　　　　when が導く節がうしろから名詞 a date を修飾

it will be postponed until a date [when more people can
S　　V　　　　　　前　名　関係副詞　S'　　　V'
↑ it = the training session　（先行詞）

participate].

　SV 文型の文です。接続詞 if が導く節が従属節として、主節を修飾しています。until は接続詞としても使えますが、この文の中では前置詞として使われていることに注意しましょう。

　ここでは「関係副詞」について説明します。

FOCUS-66 ── [　　　関 係 副 詞 　　　]

　until 直後の a date を修飾する「関係副詞」の when に着目しましょう。うしろに導く「節」を前の名詞（＝先行詞）に結びつける役割は関係代名詞と一緒です。しかし、関係代名詞は「代名詞」の一種であるのに対して、関係副詞は「副詞」の一種です。

　関係代名詞のうしろには不完全文（＝主語や目的語などの要素がひとつ欠けている文）が続きます。対して、関係副詞のうしろには完全文（＝欠けている要素がない文）が続きます。

「関係代名詞」のうしろは不完全文

　　　　　　↓ which は「目的格」。つまり、目的語に
　　　　　　あたるものが関係代名詞として前に出
　　　　　　ている

I visited the house **which** he built.
（私は彼が建てた家を訪れた）　　↑ he built（彼が建てた）だけでは、
　　　　　　　　　　　　　　目的語が欠けている＝不完全文

「関係副詞」のうしろは完全文

I visited the house **where** he was born.
　　　　　　　　↑ he was born（彼が生まれた）で SV
　　　　　　　　文型として完結している＝完全文
（私は彼が生まれた家を訪れた）

　関係副詞 where は「前置詞＋関係代名詞」に言い換えることができます。どんな前置詞を使うかは、先行詞にあたる名詞がどの前置詞とセットになるかで決まります。

I visited the house **where** he was born.
↓
I visited <u>the house</u> **in which** he was born.

　　　　　先行詞が house →前置詞 in

（私は彼が生まれた家を訪れた）

I visited the school **where** she teaches.
↓
I visited <u>the school</u> **at which** she teaches.

　　　　　先行詞が school →前置詞 at

（私は彼女が教えている学校を訪れた）

　　関係副詞には次の 4 種類があります。

先行詞	関係副詞
「時」を表す名詞	when
「場所」を表す名詞	where
the reason（理由）	why
先行詞なし（方法）	how

・when「～するときの」

Do you remember <u>the moment</u> **when** you decided to become an engineer?

（エンジニアになると決心したときの瞬間を覚えていますか）

→ moment（瞬間）は、時を表す名詞のひとつです。なお、問題文では先行詞に時を表す a date（日）がきているので、when の入るパターンになっています。

・where「～するところの」

This is <u>the venue</u> **where** our party will be held.

（こちらが私たちのパーティーが開かれる場所です）

→先行詞は the venue（場所）です。

why「〜する（理由）」

先行詞になるのは the reason（理由）のみ。ただし、the reason もしくは why のどちらかが省略されることがあります。よって、次の 3 パターンがありえます。

① the reason ＋ why ←両方あり
②「先行詞 the reason なし」＋ why
③ the reason ＋「why なし」

① That was <u>the reason</u> **why** he was late for the interview.
② That was（<u>the reason</u> 省略）**why** he was late for the interview.
③ That was <u>the reason</u>（**why** 省略）he was late for the interview.
（それが彼が面談に遅れてしまった理由でした）

how「〜する（方法）」「どのように〜するか」

how の場合、先行詞 the way を内に含んでいると考えてみてください。how を使う場合は、先行詞を直前におきません。つまり、the way how という組み合わせで使われることはありません。

That is **how** she got the job.
（そういうふうにして彼女はその仕事を手に入れたのです）

適切な意味の動詞を選ぶ問題です。

適切な意味の動詞を選ぶ問題は語彙問題と同じで、英文を読んで、全体の意味を考えなければなりません。

「少なくとも 20 人が申し込まなければ、より多くの人が参加できる日までトレーニングセッションは〜」という英文の「〜」部分にあたるのが will be ( ) です。どの動詞を空欄に入れれば文意が通るかを考えます。

postpone「〜を延期する」の過去分詞である(D)の postponed であれば「トレーニングセッションは延期される」となり、文意が通ります。postpone は何度も出題されていますし、他のパートでも頻繁に使われる重要な単語です。

divert「〜の向きを変える」、prevent「〜を防ぐ」、remind「〜に思い出させる」の過去分詞である(A)diverted、(B)prevented、(C)reminded では文意が通りません。

If at least 20 people do not sign up /
もし少なくとも 20 人の人が申し込まなければ /

for the training session, / it will be postponed /
そのトレーニングセッションに / それは延期されます /

until a date / when more people can participate.
(以下のような)日まで / より多くの人が参加できる

第46問

次の選択肢の中から正しいものを選びなさい。

One of the reasons that Sarah Park was chosen to lead BR Industries was that she always strives to (　　) a productive work environment.　(炎・第77問)

(A) foster

(B) determine

(C) involve

(D) install

ヒント！

One of the reasons ／ that Sarah Park was chosen ／ to lead BR Industries ／ was that she always strives ／ to (　　) ／ a productive work environment.

単 語 の 意 味

lead [líːd]····················〜を率いる、指導する
strive to 〜····················〜するよう努力する
productive [prədʌ́ktɪv]··········生産的な
work environment··········労働環境

訳

サラ・パークさんが BR 産業の指導者に選ばれた理由のひとつは、常に生産的な労働環境を作るよう努めていることです。

構文解析

One of the reasons that Sarah Park was chosen to
lead BR Industries was that she always strives to
foster a productive work environment.

One of the reasons
S   先行詞

関係代名詞 that が導く節（＝形容詞節）がうしろから先行詞を修飾
[that Sarah Park was chosen (to lead BR Industries)]
関代   S'   V'   不定詞の副詞用法《目的》

was [that she always strives to foster a productive work
V   C   S'   V'   C'（不定詞の名詞用法）
     that 節は名詞節として補語になっている

environment]].

  SVC 文型の文です。C（補語）には、接続詞 that が導く節がきています。ここでの that 節は名詞と同等の働きをする「名詞節」です。

  ここでは「関係副詞の代用としての that」と「補語になる that 節」について説明します。

FOCUS-67 ──[関係副詞の代用としての that]

　one of the reasons that Sarah Park was chosen（サラ・パークさんが選ばれた理由のひとつ）の部分に着目しましょう。the reasons という先行詞の場合、うしろにくるのは関係副詞の why ではないか、と疑問に思った方もいるのではないでしょうか。that は問題文のように、関係副詞の代用をすることがあります。「〜するところの・・・」という意味で、関係副詞よりもくだけた言い方とされます。くだけた文では that は省略されることが多いです。

FOCUS-68 ──[　補語になる that 節　]

　One of the reasons ... was **that** she always strives to foster a productive work environment（理由のひとつは・・・彼女が常に生産的な労働環境を作るように努めているからでした）の部分で登場する that に注目しましょう。ここでの that は「接続詞」で、うしろに「節」（= SV を含む 2 語以上のかたまり）を導きます。「名詞節」すなわち、名詞と同等の役割をする節となり、「〜ということ」という意味になります。

　that 節が補語になる場合、S（主語）にくる名詞は決まっており、問題文に出てきた reason（理由）以外に、point（要点）や opinion（意見）、truth（真実）などがあります。

My **point** is that we need to move forward.
（私が言いたいのは、われわれは前進する必要があるということだ）

My **opinion** is that we should focus on the project.
（私の意見は、われわれはそのプロジェクトに専念すべきということだ）

The **truth** is that he did not pay any taxes.
（実のところ、彼は税金を支払っていなかったのだ）

適切な意味の動詞を選ぶ問題です。

適切な意味の動詞を選ぶ問題は語彙問題と同じで、英文を読んで、全体の意味を考えなければなりません。

「サラ・パークさんがBR産業の指導者に選ばれた理由のひとつは、常に生産的な労働環境を〜するよう努力をすることだった」という英文の「〜」部分にどの動詞を入れれば文意が通るかを考えます。

(A)の foster「**〜を助長する、育てる**」であれば、文意が通ります。

foster という動詞を知っていても「子供を育てる」というニュアンスでの foster しか知らない人も多いと思います。このような問題を正解するには、辞書の定義をそのまま覚えるのではなく、それぞれの単語が持っているニュアンスをさまざまな英文を読みながらマスターしなければなりません。

(B)determine「〜を決心する、決定する」、(C)involve「〜を含む、伴う」、(D)install「〜を設置する、取り付ける」は a productive work environment の前に置いて使うこともできませんし、文意も通りません。

スラッシュリーディング

One of the reasons / that Sarah Park was chosen /
理由のひとつは / サラ・パークさんが選ばれた /

to lead BR Industries / was that she always strives /
BR産業を率いるよう / 彼女が常に努めているからでした /

to foster / a productive work environment.
〜を助長すること / 生産的な労働環境

第47問

次の選択肢の中から正しいものを選びなさい。

Should a customer feel that a purchase does not meet their expectations, it (   ) within 30 days for a full refund.

（炎・第86問）

(A) has been returned

(B) to return

(C) is returning

(D) may be returned

ヒント！

Should a customer feel / that a purchase does not meet / their expectations, / it (   ) / within 30 days / for a full refund.

単 語 の 意 味

customer [kʌ́stəmər]··············· 顧客、取引先
purchase [pə́ːrtʃəs]··············· 購入品、購入
expectation [èkspektéɪʃən]······ 期待、予想
full refund····························· 全額払い戻し

訳

万が一ご購入の品がお客様のご期待に沿わない場合、30日以内に返品いただければ全額返金いたします。

構 文 解 析

> Should a customer feel that a purchase does not meet their expectations, it may be returned within 30 days for a full refund.

従属節

↓接続詞 if が省略され、倒置が起こっている

[Should a customer feel]
助動詞　　　S'　　　V'

↓ their = customers'

that a purchase does not meet their expectations],
O'（that 節）

主節

it may be returned (within 30 days for a full refund).
S　　V　　　　　　前＋名　　　　　前＋名

↑ it = purchase

　SV文型の文です。仮定法未来の if が省略され、倒置が起こっていることを見抜けないと、文構造が読みとれません。文頭に Should が出てきたら、仮定法未来の可能性も考えて読み進めましょう。

FOCUS-69 ──[　　　　仮 定 法 未 来　　　　]

　「条件」を表す if と、「仮定法未来」を表す if の違いを押さえておきましょう。

・「条件」を表す if

　未来や現在の事柄について、「もし～ならば」と条件を表します。話し手は if 節の内容が実現しそうだと考えます。次の文では、「明日晴れる」可能性を念頭に置いています。

If it is sunny tomorrow, we will go on a picnic.
（もし明日晴れたら、私たちはピクニックに行くつもりです）

　「条件」を表す if 節の中では未来のことでも現在形で表すというルールがあります。そのため、tomorrow という未来を表す語があるにもかかわらず、if it <u>is</u> sunny tomorrow というように、現在形になっているのです。

・「仮定法未来」を表す if

　起こる可能性はあるものの、その可能性が低いと思われる事柄を述べる場合には、if 節の中に **should** を入れます。この形を**「仮定法未来」**と呼びます。一般的に**「万が一～したら（しても）」**と訳します。

If a big earthquake **should** occur, don't panic.
（万が一大地震が起こっても、あわててはいけません）

　なお、文頭の if は省略することができ、その場合は次のように倒置を使って書き換えることができます。最近はこちらの形が頻繁に使われるので覚えておきましょう。

倒置

~~If~~ a big earthquake <u>should</u> occur, don't panic.

Should a big earthquake occur, don't panic.

　問題文も同様のパターンで、仮定法未来の if が省略され、倒置が起こっています。

動詞の形を問う問題です。

英文の意味を考えると、コンマ以降の主節の主語である it は、purchase「購入品」を指すとわかります。選択肢の動詞が return「～を返品する」なので、「購入品は返品される」と受動態になるはずです。受動態になっているのは、(A)の has been returned と (D)の may be returned です。

この英文では、**Should で始まる仮定法未来**が使われています。**仮定法未来は「万が一」という実現の可能性が低いけれど起こりうる場合に使います。**

この部分を書き換えると If a customer should feel that a purchase does not meet their expectations「万が一ご購入の品がお客様のご期待に沿わない場合には」となります。

「万が一」なので、コンマより後ろの主節には未来時制が続くはずですが、選択肢に未来形はありません。ただし、(D)で使われている may には「～かもしれない」という意味があり、推量や可能性を表わすことができるので正解になりえます。

一方、(A)の has been returned は現在完了形なので、未来を表わすことはできないため、(A)は不正解です。したがって、正解は(D)の **may be returned** だとわかります。

Should a customer feel / that a purchase does not meet /
万が一お客様が感じる場合 / ご購入の品が満たしていないと /

their expectations, / it may be returned /
彼ら(=お客様)のご期待に / それはご返品いただけます /

within 30 days / for a full refund.
30 日以内に / 全額返金と引き換えに

第48問

次の選択肢の中から正しいものを選びなさい。

Louise Kirk was (　　) vice-president of marketing, making her the youngest person to hold such a position in the company's history.

（炎・第43問）

(A)　appointed

(B)　associated

(C)　determined

(D)　advanced

ヒント！

Louise Kirk was （　） / vice-president of marketing, / making her the youngest person / to hold such a position / in the company's history.

単語の意味

vice-president [váɪs-prézədənt] ············ 部長、部署の統括責任者

訳

ルイーズ・カークさんはマーケティング部長に任命され、会社史上最も若くしてその役職に就いたことになりました。

構文解析

> Louise Kirk was appointed vice-president of marketing, making her the youngest person to hold such a position in the company's history.

Louise Kirk | was appointed | vice-president (of marketing) ,
　S　　　　　　　V　　　　　　C　　　　　　　前＋名

不定詞がうしろから名詞 person を修飾

分詞構文
(making | her | the youngest person | to hold such a position
　V'　　O'　　　C'　　　　　　　不定詞の形容詞用法

現在分詞

in the company's history).
　　前＋名

　SVC 文型の文です。《appoint＋O＋C》で「O を C に任命する」という意味がありますが、問題文は O が前に出て主語になっている受動態の文です。

FOCUS-70 ──「現在分詞」を使った分詞構文

　Louise Kirk … marketing, の直後に出てくる making … は分詞構文です。分詞が「接続詞」と「動詞」の働きを兼ねて、ほかの文の説明をしているとき、それを「分詞構文」と呼びます。分詞構文のつくり方を見ていきましょう。

The typhoon hit the city, and caused serious damage.
（台風がその都市を襲い、深刻な被害を与えた）

　上の文を分詞構文にする場合、and がつなぐ 2 文の①**主語**と②**動詞の時制**に注目します。この文は、①②ともに一致している最も基本的なパターンです。

The typhoon	hit	the city	, and	caused	serious damage	.
S	V	O	接	V	O	
	過去形			過去形		

　このような場合は、接続詞 and をなくして、動詞を「現在分詞（-ing 形)」にすることで分詞構文をつくることができます。
↓
The typhoon hit the city, **causing** serious damage.
　　　　　　　　　　　　　　現在分詞

　問題文の分詞構文は少し特殊な例で、主節全体、すなわち Louise Kirk was appointed vice-president of marketing（ルイーズ・カークさんはマーケティング部長に任命されました）という内容全体が、making の意味上の主語になっていると考えることができます。分詞構文の意味上の主語は、主節の主語と同じになるのが基本ルールですが、このような例もありうることを知っておきましょう。
　なお、分詞構文の意味上の主語が主節の主語と異なる場合、分詞の直前にその意味上の主語をそのまま置くのが一般的で、これは「独立分詞構文」と呼ばれます。本書の問題文（第 50 問）で取り上げています。併せて学習しましょう。

50. Bae Conference Centers are located throughout the city, **each equipped** with state-of-the-art audio equipment.

適切な意味の動詞を選ぶ問題です。

適切な意味の動詞を選ぶ問題は語彙問題と同じで、英文を読んで、全体の意味を考えなければなりません。

ただ、この問題の場合は、Louise Kirk was (　　) vice-president of marketing 部分をチェックしただけで、正解は(A)の appointed「～を任命する」ではないかと推測できます。

appoint は「**appoint 人 to be（職)**」の形で使い、「**人を（職に）任命する**」という意味になります。「appoint 人 to be（職)」は to be を省略して使われることが多く、to be 部分を省略すると「appoint 人（職)」になります。

この英文では、「人が（職に）任命される」と、人の部分を主語にして受動態になっています。したがって、空欄に(A)の**appointed** を入れると、Louise Kirk was (　　) vice-president of marketing となり、この部分は『ルイーズ・カークさんはマーケティング部長に任命された』という意味になります。

associate「～を（…と)関連付ける」、determine「～を決定する」、advance「～を進める」の過去分詞である(B) associated、(C)determined、(D)advanced では文意が通りません。

Louise Kirk was appointed / vice-president of marketing, /
ルイーズ・カークさんは任命された / マーケティング部長に /

making her the youngest person / to hold such a position /
（それは)彼女を最も若い人物にした / そのような役職に就く /

in the company's history.
会社史上において

第49問

次の選択肢の中から正しいものを選びなさい。

( ) by Severson Petroleum, the classic car competition attracts some of the finest antique automobiles in the country.

（炎・第55問）

(A) Sponsoring

(B) Sponsorship

(C) Sponsored

(D) To sponsor

ヒント！

( ) by Severson Petroleum, / the classic car competition / attracts / some of the finest antique automobiles / in the country.

単語の意味

petroleum [pətróuliəm]············石油
competition [kà:mpətíʃən]·······競技会、試合
attract [ətrǽkt]··························〜を呼び込む、引き付ける
antique [æntí:k]·························旧式の、アンティークの

答え (C) Sponsored

訳

セバーソン石油によって後援されたそのクラシックカーのレースには、国内でも最高級のアンティーク車の一部が集まります。

構文解析

> Sponsored by Severson Petroleum, the classic car competition attracts some of the finest antique automobiles in the country.

分詞構文

(Sponsored by Severson Petroleum,)
 V(過去分詞)   前＋名（会社名）

|the classic car competition|attracts|some|
        S   V   O(代)

(of the finest antique automobiles in the country).
    前＋名   前＋名

　SVO 文型の文です。Sponsored by Severson Petroleum の部分は分詞構文となっており、主節(the classic car competition 以下) を修飾しています。

　ここでは「過去分詞を使った分詞構文」と「some of ＋the/ 所有格＋名詞」について説明します。

FOCUS-71 ──[「過去分詞」を使った分詞構文]

　分詞構文には、「現在分詞 (-ing 形)」と「過去分詞 (-ed 形)」があります。どちらが使われるかは、文全体の主語で決まります。

　次の例文を見比べましょう。

〈現在分詞を使うケース〉
When I saw her by chance, I was happy.
（たまたま彼女に会って、私は嬉しかった）

　上の文は、主節と従属節の①主語も②動詞の時制も一致しています。この場合、接続詞 when や共通する主語（上の文では I）をはぶき、動詞を「現在分詞 (-ing 形)」にすることで分詞構文をつくることができます。

Seeing her by chance, I was happy.

〈過去分詞を使うケース〉
When it is seen from a distance, the rock looks like a human face.
（離れて見ると、その岩は人の顔のように見える）

　この文も、①主語も②動詞の時制も一致していますが、分詞にするべき動詞が受動態 (is seen) であることに注意しましょう。接続詞 when や主節の主語 the rock と同じものを指す主語である it をはぶき、分詞構文にすると、次のようになります。

Being seen from a distance, the rock looks like a human face.

ただし、**being は省略可能**です。したがって、次のように過去分詞（-ed 形）から始まる分詞構文ができあがるのです。

Seen from a distance, the rock looks like a human face.

FOCUS-72 ──[some of + the/ 所有格＋名詞]

　some of the finest antique automobiles（最高級のアンティーク車の一部）のところで使われている some に着目しましょう。some には、「いくつかの〜、一部の〜」という形容詞の使い方以外に、代名詞としての使い方があります。「いくつか、一部」という意味になります。

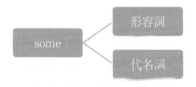

＊ほかに「およそ」を意味する「副詞」としての用法もあります。

〈形容詞としての用法〉

Some employees work from home.
　形　　名

名詞を修飾
（一部従業員は在宅勤務をしている）

　なお、「形容詞 some ＋所有格＋名詞」という語順で、形容詞 some と所有格を並べることはできません。例えば、「当社の一部従業員」と言いたいとき、some our employees という並べ方はできません。右上の例のように、「代名詞としての some ＋ of ＋所有格＋名詞」という並べ方をします。

〈代名詞としての用法〉

Some of our employees work from home.
　代　　前　　　名

（当社の一部従業員は在宅勤務をしている）

→「some of ～」で「～のうちの一部」という意味になる。前置詞 of は
　「部分」を表し、「～の中の」という意味。

分詞構文の問題です。

文頭に空欄があり選択肢は全て sponsor の派生語なので、分詞構文が使われているのではと推測します。

この英文の主語は the classic car competition です。**分詞構文では、文頭に置かれる分詞は、主節の主語の意味を補うものです。**

空欄に過去分詞が入るのか現在分詞が入るのかは、主節の主語である the classic car competition が「する」のか「される」のかを考えます。

the classic car competition と、空欄に入る分詞の元の動詞 sponsor「〜を後援する」との意味的な関係を考えればいいでしょう。

主節の主語である the classic car competition「クラシックカーのレース」は、「後援される」と考えれば文意が通ります。したがって、正解は過去分詞である(C)の **Sponsored** だとわかります。

Sponsored by Severson Petroleum, /
セバーソン石油に後援されて /

the classic car competition / attracts /
そのクラシックカーのレースは / 引き付けています /

some of the finest antique automobiles / in the country.
最高級のアンティーク車の一部を / その国における

第50問

次の選択肢の中から正しいものを選びなさい。

Bae Conference Centers are located throughout the city, ( ) equipped with state-of-the-art audio equipment.

（炎・第132問）

(A) ones

(B) whole

(C) which

(D) each

ヒント！

Bae Conference Centers / are located / throughout the city, / ( ) / equipped / with state-of-the-art audio equipment.

単語の意味

locate [lóukeɪt]·····················～を置く、位置付ける
throughout [θruáut]···············～の至るところに、～の間中
equipped with ～··················～を備えていて
state-of-the-art··················最新式の、最先端の
equipment [ɪkwípmənt]··········機器、装置

訳

ベイ・カンファレンス・センターは市内全域にあり、それぞれに最新式のオーディオ機器が備わっています。

構文解析

> Bae Conference Centers are located throughout the city, each equipped with state-of-the-art audio equipment.

Bae Conference Centers | are located | (throughout the city),
      S   V   前＋名

↓意味上の主語　分詞構文
each (being) equipped (with state-of-the-art audio equipment).
  ↑   過去分詞　　前＋名
省略されている

  SV 文型の文です。分詞構文となる句（each equipped 以下）が主節を修飾しています。分詞構文の being が省略されていること、ならびに each が (being) equipped の意味上の主語であることに注意しましょう。being の省略については、第 49 問の FOCUS-68 を参照してください。

  ここでは「独立分詞構文」について説明します。

FOCUS-73 ——[　　　独立分詞構文　　　]

  分詞が「接続詞」と「動詞」の働きを兼ねて、ほかの文の説明をしているとき、それを「分詞構文」と呼びます。分詞構文の意味上の主語と、文全体の主語が異なるものを「独立分詞構文」と呼びます。

　接続詞が従属節を導いている文を、分詞構文に書き換えていきましょう。

As it was sunny, we went on a picnic.
（晴れていたので、ピクニックに行った）

　接続詞が導く従属節を分詞構文に変化させるとき、主語が「主節」と「従属節」で同じものを指す場合は、従属節の主語は省くことができます。しかし、上の例文では接続詞 as が導く従属節の主語が it で、主節の主語が we です。このように主語が異なる場合、従属節の主語を省くことはできません。したがって、it はそのまま主語の位置においておきます。
↓

It being sunny, we went on a picnic.

　問題文も、接続詞 and を補って考えてみましょう。「接続詞 and の前の節」と「接続詞 and に続く節」の主語が違うため、each という「分詞構文の意味上の主語」が残っていることがわかります。

Bae Conference Centers are located throughout the city,
　　　　S （主節の主語）

and each is equipped with state-of-the-art audio equipment.
接　　S' （従属節の主語）
↓

each being equipped with ～
↓

each equipped with ～
　　　↑ being は省略可能

代名詞の問題です。英文中に分詞構文の being の省略があります。being を補うと以下のような形になります。

Bae Conference Centers are located throughout the city, (　　)
⟨ being ⟩ equipped with state-of-the-art audio equipment.

この英文を分詞構文ではなく、接続詞を補って書き直すと、次のような形になります。

Bae Conference Centers are located throughout the city, <u>and</u>
(　　) <u>is</u> equipped with state-of-the-art audio equipment.

　Bae Conference Centers からコンマまでで「ベイ・カンファレンス・センターは市内全域にある」と言っているので、この部分から推測すると、空欄以降では「(ベイ・カンファレンス・センターの) それぞれが」という意味になるのではないかと推測できます。代名詞である(D)の each「それぞれ」であれば、文意が通ります。

　(A)の ones「物、人」も代名詞ですが、文意に合いません。(B)の whole は「すべての」という意味の形容詞なので、文法的に不適合です。(C)の which は疑問詞もしくは関係代名詞ですが、どちらにしても文意に合いません。関係代名詞の非制限用法の which だととらえて(C)を選んだ人がいるかもしれませんが、その場合は、(which) are のように be 動詞が必要です。

Bae Conference Centers / are located /
ベイ・カンファレンス・センターは / 位置しています /

throughout the city, /
市内全域に /

each / equipped / with state-of-the-art audio equipment.
それぞれ / 備えつけられています / 最新式のオーディオ機器が

文法
INDEX

本書に出てくる文法用語の索引です。数字はページ数です。
学習のまとめ・復習にお使いください。

あ

- [ ] 一人称 39, 40
- [ ] 一般動詞 25

か

- [ ] 過去分詞(-ed形) 59
- [ ] ・前置修飾 65
- [ ] ・後置修飾 66
- [ ] 可算名詞 27, 28
- [ ] 仮定法未来 92
- [ ] 関係代名詞 235
- [ ] ・基本 235
- [ ] ・先行詞 236, 241
- [ ] ・活用表 241
- [ ] ・制限用法 243
- [ ] ・非制限用法 243
- [ ] ・that 249
- [ ] ・目的格の省略 255
- [ ] ・前置詞＋関係代名詞 267
- [ ] 関係副詞 223
- [ ] 冠詞(a/an/the) 23
- [ ] 間接目的語 71

- [ ] 完全自動詞 47
- [ ] 句 26
- [ ] 群前置詞 268, 273
- [ ] 形式主語it 114
- [ ] ・It is 形容詞 for A to do の構文 ... 159
- [ ] 形式目的語it 216
- [ ] 形容詞 23, 33, 49
- [ ] ・all 191
- [ ] ・any 192
- [ ] 原級 177
- [ ] 原形不定詞 141
- [ ] 現在完了形 89
- [ ] ・完了・結果 89
- [ ] ・経験 90
- [ ] ・継続 90
- [ ] 現在分詞(-ing形) 59
- [ ] ・前置修飾 60
- [ ] ・後置修飾 59, 60

さ

- [ ] 再帰代名詞 39, 212
- [ ] 最上級 177, 185
- [ ] 三単現(三人称・単数・現在) 25

□ 三人称 39, 40
□ 使役動詞have 142, 147
□ 指示代名詞 39
□ 時制 83
□ ・be動詞の場合 84
□ ・一般動詞の場合 83
□ ・未来を表す表現 85
□ 自動詞 24, 25
□ 従属節 54, 55
□ 従属接続詞 50, 53, 54
□ ・「譲歩」を表すalthough 54
□ ・「時」を表すwhen 54
□ ・「理由」を表すbecause 54
□ ・「否定」の意味を含むunless ...217
□ 主格 39, 40
□ 主語(subject) 23
□ 主節 54, 55
□ 受動態(be動詞+過去分詞) 101
□ ・過去形(was[were]+過去分詞) ...100
□ ・過去完了形(had been+過去分詞)...107
□ ・現在完了形
□ 　(have[has] been+過去分詞) .. 105, 106
□ ・未来完了形
□ 　(will have been+過去分詞) ...107
□ 助動詞 95
□ 所有格 39, 40
□ 所有代名詞 39
□ 真の主語 114
□ 節 26
□ 接続詞 23, 50
□ ・従属接続詞 50, 53, 54
□ ・等位接続詞 50, 53, 54, 72, 207
□ ・as 196
□ ・before 211
□ ・once 229
□ ・so that A can do《目的》 ... 166
□ ・so 形・副 that A ～《結果》 ... 166
□ ・that 50
□ ・「主語+be動詞」の省略 96, 218

□ 先行詞 236, 241
□ 前置詞 23
□ ・as 196
□ ・by 201
□ ・through 173
□ ・throughout 73
□ ・to+動名詞 171

た
□ 代名詞 23
□ ・one 186
□ ・some 302
□ 他動詞 24, 26
□ 直接目的語 71
□ 定冠詞(the) 28
□ 等位接続詞 50, 53, 64, 72, 207
□ ・and 207
□ 同格のof 136
□ 同格を表す接続詞that 50, 213
□ 動詞(verb) 23
□ 動名詞 165
□ 独立不定詞 131
□ 独立分詞構文 306

な
□ 二人称 39, 40
□ 人称代名詞 38
□ 能動態 101

は
□ 比較　A rather than B 154
□ 比較級 176, 177
□ ・more A than B 181
□ ・more+形容詞 185
□ 不可算名詞 27, 29
□ 不完全自動詞 47
□ 複合名詞 42
□ 副詞 23, 33, 77
□ ・all 191

☐ 不定冠詞(a/an) 28
☐ 不定詞 113
☐ ・名詞用法　主語になる 119
☐ ・名詞用法　補語になる 119
☐ ・名詞用法　目的語になる 119
☐ ・形容詞用法 123
☐ ・副詞用法　感情の原因を表す 127
☐ ・副詞用法　結果を表す 127
☐ ・副詞用法　目的を表す 127
☐ ・副詞用法　文頭にくるケース 131
☐ ・意味上の主語 135
☐ ・原形不定詞 141
☐ 不定代名詞 39, 123
☐ ・all 191
☐ 文型 23
☐ 分詞 59
☐ ・現在分詞(-ing形) 59
☐ ・過去分詞(-ed形) 59
☐ ・前置修飾 60, 65
☐ ・後置修飾 59, 60, 66
☐ 分詞構文 296
☐ ・現在分詞を使う 296
☐ ・過去分詞を使う 301
☐ 補語(complement) 23, 47, 49

ま

☐ 名詞 23
☐ 名詞句 26, 113
☐ 名詞節 23
☐ 目的格 39, 40
☐ 目的語(object) 23

A

☐ A rather than B(比較の表現) 154
☐ a/an(不定冠詞) 28
☐ all(形容詞) 191
☐ all(副詞) 191
☐ all(不定代名詞) 191
☐ although(譲歩を表す従属接続詞) 54

☐ and(等位接続詞) 54, 72, 207
☐ any(形容詞) 192
☐ anything(不定代名詞) 123
☐ as(接続詞) 196
☐ as(前置詞) 196
☐ as+副詞+as 279
☐ ・as far as 279
☐ ・as long as 279

B

☐ be used to doing 172
☐ because of(群前置詞) 268
☐ because(理由を表す従属接続詞) 54
☐ before(接続詞) 211
☐ be動詞 24
☐ but(等位接続詞) 50, 53, 54
☐ by means of(群前置詞) 268
☐ by(前置詞) 201

C

☐ cause O to do 262
☐ complement(補語) 23, 47, 49
☐ contrary to 273

D

☐ devote … to doing 172

E

☐ ed形(過去分詞) 59
☐ encourage+O+C(to不定詞) 152

H

☐ have(使役動詞) 142, 147
☐ help+O+to不定詞／原形不定詞 141
☐ help+to不定詞／原形不定詞 142
☐ how(関係副詞) 285

I

☐ if(仮定法未来を表す) 293

☐ if(条件を表す) 293
☐ in front of(群前置詞) 268
☐ in order for A to do(目的を表す) ...135
☐ in order to do(目的を表す) 127
☐ in terms of(群前置詞) 268
☐ ing形(現在分詞) 59
☐ It is 形容詞 for A to do 159
☐ it(形式主語) 114
☐ it(形式目的語) 216

L

☐ look forward to doing 172

M

☐ make＋O＋C(名・形) 251
☐ more A than B 181

N

☐ nothing(不定代名詞) 120
☐ Now (that) S'V'～, SV … ...230

O

☐ object doing 172
☐ object(目的語) 23
☐ of(同格を表す) 136
☐ offer(SVO/SVOO文型) 151
☐ once(接続詞) 229
☐ one(代名詞) 186
☐ oneself(再帰代名詞) 212
☐ or(等位接続詞) 54

P

☐ Provided (that) S'V'～, SV … ...230

S

☐ s/es(三単現) 25
☐ so as to do(目的を表す) 127
☐ so that A can do《目的》 166
☐ so 形・副 that A ～《結果》 166

☐ some(代名詞) 302
☐ something(不定代名詞) 123
☐ subject(主語) 23
☐ SV文型 23
☐ SVC文型 23, 47
☐ SVO文型 23, 151
☐ SVOO文型 23, 71, 152
☐ SVOC文型 ...23, 141, 147, 251, 262

T

☐ that(関係代名詞) 249
☐ that(関係副詞の代用) 289
☐ that(接続詞) 50
☐ that(同格の接続詞) 52, 223
☐ the(定冠詞) 28
☐ those who 236
☐ through(前置詞) 173
☐ throughout(前置詞) 173
☐ to(前置詞) 173

U

☐ unless(否定の意味を含む従属接続詞) ...217
☐ until(従属接続詞) 50, 53
☐ up to(群前置詞) 269

V

☐ verb(動詞) 23

W

☐ when(関係副詞) 284
☐ when(時を表す従属接続詞) 54
☐ where(関係副詞) 284
☐ why(関係副詞) 285
☐ would rather do 155
☐ would rather V1 ～ than V2 ...155

単 語
INDEX

「単語の意味」に出てくる重要単語・熟語類を
アルファベット順に並べました。数字はページ数です。
学習のまとめ・復習にお使いください。

A

- [ ] accurate 103
- [ ] add 253
- [ ] additional 195
- [ ] adjacent 157
- [ ] affordable 145,169
- [ ] allow 189
- [ ] allowance 233
- [ ] although 103
- [ ] antique 299
- [ ] application 227
- [ ] approval 205
- [ ] approve 21,31,183
- [ ] arrange(to ~) 145
- [ ] as of ~ 57
- [ ] as soon as ~ 183
- [ ] at least 281
- [ ] attendee 75
- [ ] attract 299
- [ ] attribute A to B 179
- [ ] available 57

- [ ] award 239

B

- [ ] be committed to ~ 247
- [ ] be expected to ~ 103
- [ ] be included in ~ 195
- [ ] be looking to ~ 87
- [ ] be proud of ~ 247
- [ ] board members 215
- [ ] book 31
- [ ] budget 183
- [ ] business trip 21

C

- [ ] candidate 227
- [ ] career ladder 175
- [ ] cause 75,259
- [ ] certainly 139
- [ ] charge 195
- [ ] charitable contribution 239
- [ ] chime 209
- [ ] code 121

☐ colleague 175
☐ communicate 265
☐ competition 299
☐ complete 121
☐ concern 111
☐ consider 215,271
☐ consult with ~ 31
☐ contact 227
☐ contents 69
☐ copy 69
☐ critic 45
☐ current 111,183
☐ customer 99,291
☐ customer base 37,157

D

☐ daily 195
☐ date 281
☐ decade 239
☐ detect 99
☐ device 93,189
☐ distribution center 37
☐ division 133

E

☐ earthquake 121
☐ efficient 183
☐ emergency situation 57
☐ employee 57,93,189,233
☐ encourage 149
☐ ensure 99,199
☐ environment 111
☐ equipment 305
☐ equipped with ~ 305
☐ essential 163
☐ evaluation 199
☐ exchange 265
☐ exclusive 69
☐ expand 133,139,157

☐ expectation 291
☐ expense report 129

F

☐ factory 145
☐ fast 175
☐ figure 103
☐ flaw 117
☐ fulfill 133
☐ full refund 291
☐ funds 133
☐ further 221

G

☐ guarantee 121

H

☐ handle 67
☐ headquarters 81
☐ high-quality 247
☐ historical site 205
☐ hit 259
☐ host 81
☐ human resources department 199

I

☐ immediate supervisor 31,93
☐ impressive 45
☐ in an effort to ~ 215
☐ in lieu of ~ 233
☐ in order for ~ to... 133
☐ in order to ~ 169
☐ in terms of ~ 265
☐ increase in ~ 179
☐ incur 129
☐ inspection 99
☐ installation 63
☐ interview 227

☐ investor ... 221
☐ issue ... 179
☐ item ... 117

L

☐ late ... 75,259
☐ latest ... 45,121
☐ lead ... 287
☐ locate ... 305

M

☐ maintain ... 99
☐ material ... 179
☐ medical care ... 77
☐ merger ... 221,271

N

☐ new line of ~ ... 125
☐ newly hired staff member ... 81
☐ no later than ~ ... 129
☐ no longer ~ ... 95
☐ notify ... 93
☐ now that ~ ... 37

O

☐ objective ... 133
☐ offer ... 99,149,221,233
☐ overseas ... 133,139

P

☐ package ... 117
☐ parking fee ... 195
☐ participate ... 281
☐ partner ... 175
☐ permit ... 215
☐ petroleum ... 299
☐ pharmaceutical company ... 221
☐ pharmaceutical products ... 125
☐ plant ... 63

☐ prefer ... 233
☐ premises ... 93
☐ prior ... 69
☐ process ... 103
☐ processing plant ... 183
☐ product ... 117
☐ productive ... 287
☐ promise ... 277
☐ promote ... 169
☐ property ... 69
☐ provide ... 111,253,277
☐ publicity ... 169
☐ purchase ... 291
☐ quality control ... 117

R

☐ rapid ... 179
☐ rate ... 195
☐ rather than ~ ... 149
☐ raw material ... 145
☐ recent ... 271
☐ recognizable ... 163
☐ reduce ... 215
☐ region ... 37,145
☐ reimbursement ... 129
☐ related to ~ ... 21
☐ remain ... 69,277
☐ remind ... 69
☐ renovation ... 121
☐ replace ... 183
☐ reputation ... 157
☐ requirement ... 253
☐ research and development ... 125
☐ resident ... 277
☐ responsibility ... 117
☐ restore ... 205
☐ retail chain ... 87
☐ retailer ... 111,169
☐ review ... 199,227

S

- [ ] sale 45
- [ ] sign up 281
- [ ] snowstorm 259
- [ ] so that ~ can... 199,253
- [ ] so that A can ~ 163,209
- [ ] sound 209
- [ ] spending 215
- [ ] spokesperson 271
- [ ] standard 253
- [ ] state-of-the-art 305
- [ ] strand 259
- [ ] strive to ~ 287
- [ ] submit 129,199
- [ ] succeed 111
- [ ] supply 145,179
- [ ] support 239
- [ ] suspend 215

T

- [ ] take place 221
- [ ] the board of directors 145
- [ ] thoroughly 199,227
- [ ] through 133,169
- [ ] throughout 37,305
- [ ] timely 111
- [ ] timepiece 99
- [ ] town council 205
- [ ] traffic jam 75
- [ ] transportation cost 179
- [ ] transportation fee 233
- [ ] turn to ~ 169

U

- [ ] unanimously 205
- [ ] underperforming 133
- [ ] understandable 163
- [ ] unusually 259

V

- [ ] vehicle 63
- [ ] vice-president 295
- [ ] vote 205

W

- [ ] widen 37
- [ ] work environment 287

Y

- [ ] year-on-year 103

★読者のみなさまにお願い

この本をお読みになって、どんな感想をお持ちでしょうか。祥伝社のホームページから書評をお送りいただけたら、ありがたく存じます。今後の企画の参考にさせていただきます。また、次ページの原稿用紙を切り取り、左記まで郵送していただいても結構です。

お寄せいただいた書評は、ご了解のうえ新聞・雑誌などを通じて紹介させていただくこともあります。採用の場合は、特製図書カードを差しあげます。

なお、ご記入いただいたお名前、ご住所、ご連絡先等は、書評紹介の事前了解、謝礼のお届け以外の目的で利用することはありません。また、それらの情報を6カ月を越えて保管することもありません。

〒101-8701 （お手紙は郵便番号だけで届きます）
祥伝社 書籍編集部 編集長 栗原和子
電話03（3265）1084
祥伝社ブックレビュー www.shodensha.co.jp/bookreview

★本書の購買動機（媒体名、あるいは○をつけてください）

＿＿＿新聞 の広告を見て	＿＿＿誌 の広告を見て	＿＿＿の書評を見て	＿＿＿のWebを見て	書店で 見かけて	知人の すすめで

名前

住所

年齢

職業

1日1分！　TOEIC® L&Rテスト
炎の千本ノック！ 文法徹底攻略

令和3年7月10日　初版第1刷発行
令和5年8月10日　　　第2刷発行

著　者	中村澄子
	岩崎清華
	山﨑健生
発行者	辻　　浩明
発行所	祥　伝　社

〒101-8701
東京都千代田区神田神保町3-3
☎03(3265)2081(販売部)
☎03(3265)1084(編集部)
☎03(3265)3622(業務部)

印　刷	萩原印刷
製　本	ナショナル製本

ISBN978-4-396-61757-8 C2082　　Printed in Japan
祥伝社のホームページ・www.shodensha.co.jp

©2021, Sumiko Nakamura　Sayaka Iwasaki　Kensho Yamazaki

祥伝社のベストセラー

中村澄子　TOEIC® LISTENING AND READING TEST
千本ノック！ 新形式対策
絶対落とせない鉄板問題編

ピンクの表紙です。比較的難易度が低く、よく出る鉄板問題が大集合！ 基礎のおさらいにもお薦め。 文庫

中村澄子　TOEIC® LISTENING AND READING TEST
千本ノック！ 新形式対策
解ければ差がつく良問編

青の表紙です。730点を取れる人と取れない人との差は？ この問題集をクリアできるかできないかです。 文庫

中村澄子　TOEIC® LISTENING AND READING TEST
千本ノック！ 新形式対策
難問・ひっかけ・トリック問題編

白の表紙です。フォーマルな書面、ビジネスで使う難しめの語彙・熟語……。シリーズ史上最強の問題集。 文庫

中村澄子　1日1分！ TOEIC® L&Rテスト
炎の千本ノック！

「時間がない。だけど点数は出したい」あなたのための問題集です。

中村澄子　1日1分！ TOEIC® L&Rテスト
炎の千本ノック！ 2

著者が自ら毎回受験。だから最新の出題傾向と頻出単語がわかる。

中村澄子　1日1分！ TOEIC® L&Rテスト
炎の千本ノック！ パート5徹底攻略

高得点がほしければまずパート5です。文法の基礎を固め、英文を読む練習をする際に有効です。